知識ゼロからMBAの必修科目がわかっちゃう！

まんがで身につく ファイナンス

石野雄一［著］
石野人衣［作画］
トレンド・プロ［制作］

ダイヤモンド社

CONTENTS

工藤《くどう》 結衣《ゆい》（29歳）

ゼンテック購買部社員。美人でしっかり者、仕事もできて非の打ちどころがない感じだが、愛嬌があり憎めないキャラクター。翔太と同じ社内のフットサル部に所属する。

田端《たばた》 圭一《けいいち》（30歳）

ゼンテック製造部社員。製造部では、若いのに似合わず堅実な仕事ぶりで高く評価されている。翔太とは同期で、お互いに飲み仲間でもある。

陣内《じんない》 孝雄《たかお》（43歳）

ゼンテック財務部長。大学卒業後、大手商社に入社。その後、スタンフォード大学でＭＢＡを取得しシリコンバレーのベンチャー企業に入社。半年前にゼンテックの財務チームが財務部として新設されたのを期にヘッドハントされて入社。社内のフットサル部で翔太と結衣とは顔なじみ。

嵐山《あらしやま》 翔太《しょうた》（30歳）

ゼンテック財務部社員。営業一筋で、これまで決算書や会計をほとんど勉強してこなかったのに、なぜか営業部から財務部へ異動を言い渡されショックを受ける。アフター５の飲み会と休日に会社のフットサル部で汗を流すのがストレス解消法。

村上《むらかみ》 信弘《のぶひろ》（32歳）

ゼンテック営業部社員。営業部の若きエース。営業部時代の翔太の先輩にあたる。成績が今ひとつの翔太をいつもバカにしている。

ゴードン・ダグラス（54歳）

親会社で米国の同業大手テックファーストから送り込まれてきたゼンテックの新社長。ハーバード大学でMBAを取得。数字に強く、冷徹な頭脳と強烈なリーダーシップの持ち主。コストカッターの異名を持つ。

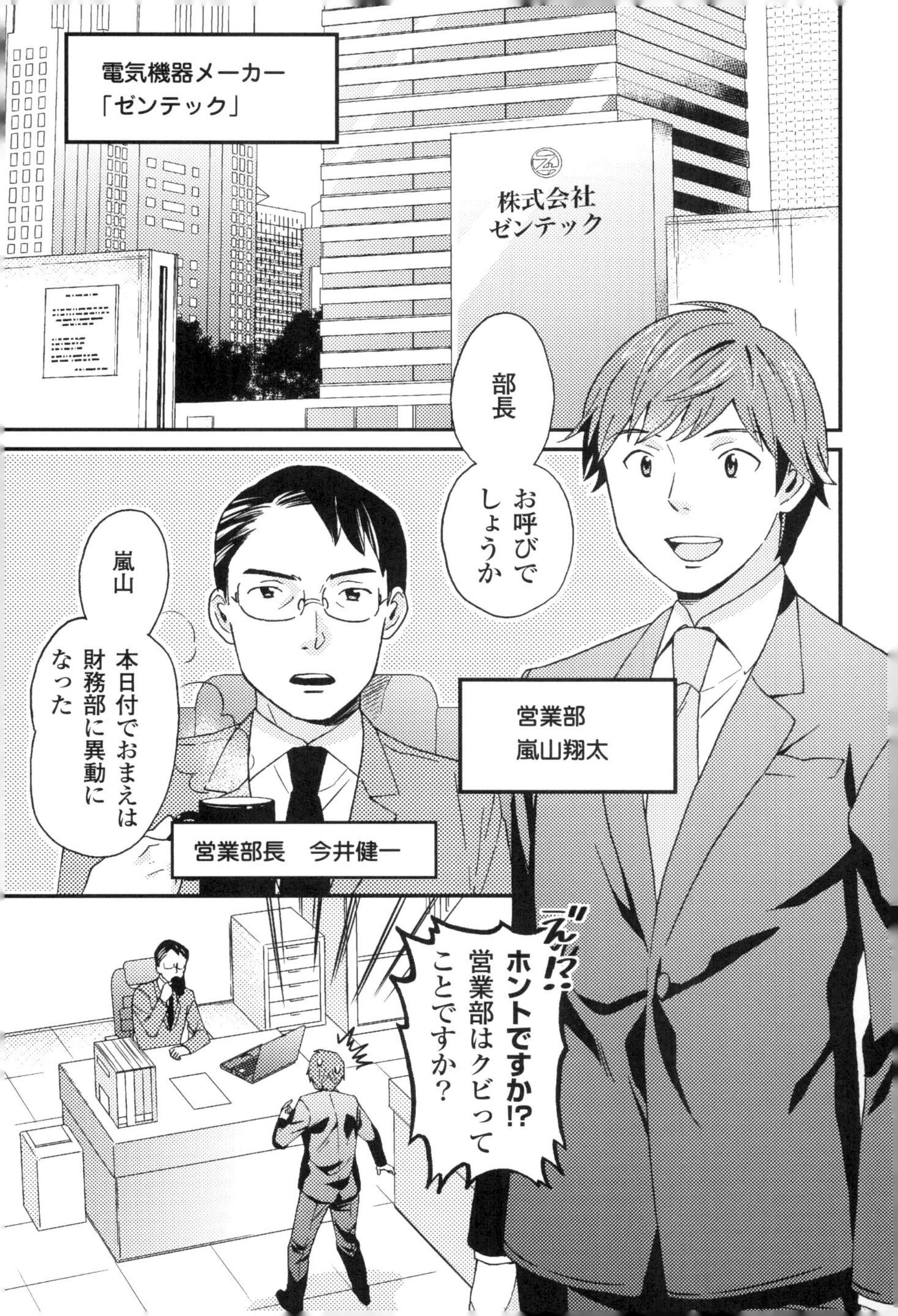
電気機器メーカー「ゼンテック」
株式会社ゼンテック
部長 お呼びでしょうか
嵐山 本日付でおまえは財務部に異動になった
営業部 嵐山翔太
営業部長 今井健一
え゛っ!?
ホントですか!? 営業部はクビってことですか?

コト
……まあ
そういうことだな
おまえは口は達者だが売上が振るわん。
人がつくった売上を帳簿につける仕事の
ほうが性に合ってるかもしれんぞ
ガタ
異動の準備
しておけよ
ガツ
ガツ
そんなぁ……
財務なんて
やったことないぞ…

第1章

このままでは黒字倒産する！

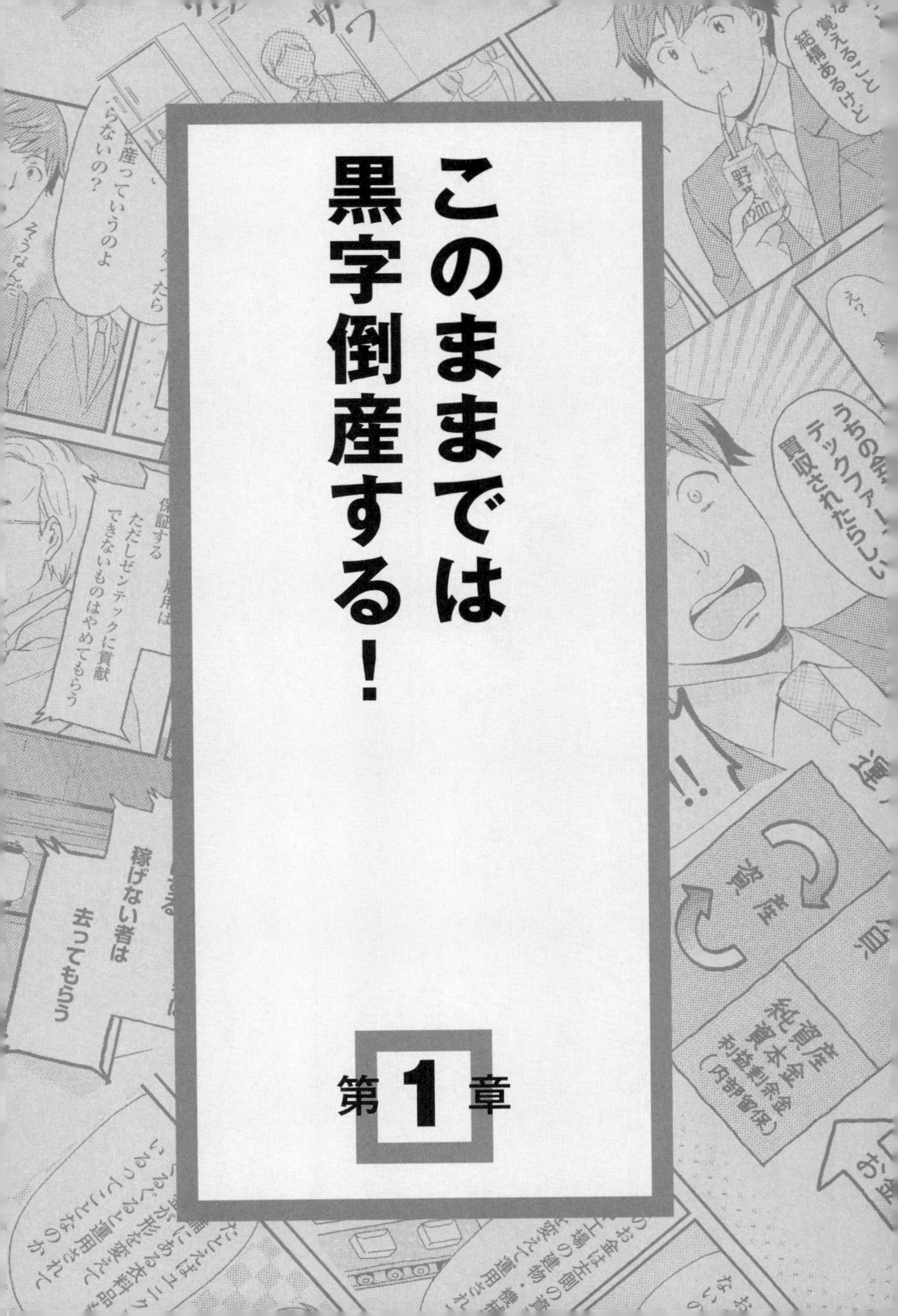

３カ月後…
財務部
ザワ
ザワ
財務部にもやっと慣れてきたな
覚えること結構あるけど
ちゅ
野菜
ん…？
ザワ
ザワ
どうしたんですかニュースなんか見て
嵐山！どこに行ってたんだ大変だぞ
え？ 食堂ですけど…
なにかあったんですか？
うちの会社がテックファーストに買収されたらしい
!!

マジですか！なんで？
詳しいことはまだ誰もわからないんだよ
プルルルル
！
着信
プルルル
プルルルルル
はい、はい まだこちらも確認中でして…
申し訳ありません
…！
嵐山！ボサっとすんな！
プルルルル
プルルルルッ
プルルルルル
ご迷惑おかけしており…
追ってご連絡致しますので…
もう少しお待ち頂けませんか
……
皆もすでにニュースで知っていると思うが…
当社はテックファーストの傘下に入ることになった
新社長はテックファーストから来る
会議室
A
使用中
財務部

今夜7時から本社の大講堂で新社長から今後のことについて説明がある予定だ
財務部として債権者や株主への対応に今後忙しくなると思う落ち着いて対応してもらいたい
以上だ
財務部長　陣内孝雄
え…あの俺たちこれからどうなるんですか…
ぞろぞろ
部長にだって分かる訳ないだろ
行くぞ
カチ
カチ
カチ…
大講堂
ゼンテックは過去素晴らしい製品を世の中に生み出してきました
大講堂

そのゼンテックが今危険な状況におかれている
直近の決算では営業利益は黒字なので業績はまずまずと考えてる人たちが多いかもしれない
ゼンテック新社長
ゴードン・ダグラス
しかしながらゼンテックのキャッシュはあと数カ月で底をつきかねない状況だった
今回テックファーストからの資本注入によって生きながらえたものの
危険な状況であることには変わりはない
良くわからないんだけどなんで利益が出ているのに危険な状況なの？
え⁉

利益とキャッシュは違うからよ
購買部　工藤結衣
会社は利益が出ていてもキャッシュがなくなったら倒産するの
黒字倒産っていうのよ知らないの？
そうなんだ
結衣ちゃんってなんでそんなこと知ってるの？
これでも大学は経営学部出身だから
みなさんの雇用は保証する
ただしゼンテックに貢献できない者はやめてもらう
今後わが社は企業価値経営に舵を切る！
それは売上・利益至上主義ではなくキャッシュフロー至上主義に変わるということだ
キャッシュを稼ぐ者は大事にする
稼げない者は去ってもらう
居酒屋
ガラララ…
いらっしゃいませー！

どさっ
はー
いやぁ大変なことになったなぁ
うちの部署も大騒ぎだよ
生中1つお願いします
これからどうなるのか……って翔太なにしてんの？
ワイワイ
今　結衣先生の講義を受けてたところなんだ
おまえも聞いたほうがいいんじゃない
新社長も言ってたキャッシュについて教えてもらってたんだ
おまえ異動になって財務部にいるんだよな？そんなことも知らないのかよ
製造部　田端圭一
じゃあお前はわかってるのかよ
・・・・
じゃあさっきの続きね
例えば翔太さんがお客さんのところに200万円の車を納車するとするじゃない
納車した時点で会計の世界では売上高200万円を帳簿につけるの

それと同時に車を作るのにかかった費用 例えば材料費とか人件費・研究開発費など
会計の世界
売上高 200万円
費用 △150万円
利益 50万円
財務の世界
収入 0円
支出 △150万円
収支 △150万円
※△はマイナスを意味する
これが150万円だとすると同時に帳簿をつけるのね そうすると差引き50万円の利益が生み出されるってこと
サラ
150
サラ
そりゃ分かるよ
キャッシュはどう? 利益は50万円だけどお客さんからお金をもらってなかったら手元にはないわけよね
そりゃそうだ
車を作るのにかかった150万円は先に払っている可能性だってあるわよね
つまり手元のキャッシュはマイナス150万円
このままの状態ではお金が底をついてしまう
そのとき会社はジ・エンドってこと

利益が出ているからって安心はできない
手元のキャッシュを見なくてはいけないのか
そう
極端な話　赤字垂れ流しでもキャッシュさえ外から調達することができれば会社は倒産しないの
二人を見てるとよっぽど結衣ちゃんのほうが財務部っぽいな
そもそもキャッシュはお前たち財務部が見てたんじゃないのか?
財務部はまだ半年前にできたばかりなんだ
それまでは経理部の中に財務チームってのがあったらしいんだけど、ほとんど機能していなかったっていう噂だよ
財務チームが昇格して財務部ができたんだ
それで外から人を引っ張ってきて財務部長にすえたんだって
え?　それでどうなの?
財務部長は?
陣内さんっていうの
フットサル部で一緒なんだけどいい感じの人よ

それになんか流されないっていうか
これだと効率が悪く費用もかかる変えましょう
うちの部では昔からこのやり方なんだよ！
理路整然としているっていうか……
なんかうちにはいないタイプかなぁ
そういうお前もうちにはなかなかいないタイプだけどな
？
そういえば今日栃木工場の知り合いから電話がきて聞かれたんだ
うちは資本金もあるし内部留保だってたくさんあるのになんで危険な状況なのか？って
そうそう大講堂でも同じこと言ってる奴いたな
それは貸借対照表《たいしゃくたいしょうひょう》の意味がわかってないのよ
貸借対照表（バランスシート）っていうのは企業のお金の調達と運用をある時点で切り取ってみせてくれるものなの
サラ
サラ

貸借対照表（バランスシート）
運用　調達
負債
資産
純資産
資本金
利益剰余金
（内部留保）
お金
お金
企業は負債なり純資産という形で外からお金を調達して
左側の資産でぐるぐる運用しているの
こんなふうにね
資本金とか内部留保というのは純資産と呼ばれているところにあるものなの
でもここには実際にお金があるわけではないの
そのお金は左側の資産サイドで在庫や工場の建物・機械設備などに形を変えて運用されているから
変身！
ということは
例えばユニクロの店舗にある衣料品もお金が形を変えてぐるぐると運用されているってことなのか

そう
だから資本金や
内部留保がいくらあったって
そのお金が使えるわけでは
ないの
お会計
お願いします
バランスシートの左上に
ある現預金がなければ
しょうがないってこと
それすら決算日当日にあった
現預金残高であって
今使えるお金じゃないの
4千6百円に
なります
会社のお金は
常に動いているから
へ～全然
知らなかった
勉強に
なるな！
クレジット
カード
使えます！
もぐ
もぐ
大丈夫かな
財務部って…

解説

利益とキャッシュは違う

会計（アカウンティング）と**財務（ファイナンス）**の違いは、お分かりですか。

いちばんの違いは、会計は「**利益**」を扱い、ファイナンスは「**キャッシュ（現金）**」を扱うということです。ここでの「利益」とは、簡単に言うと、「売上から費用をひいたもの」です。

「利益」で、モノを買おうと思っても買うことは出来ません。なぜなら、「利益」は実体のない抽象的な概念だからです。言ってみれば、バーチャルなものです。

一方、キャッシュは現実のお金の流れを反映しています。

売上や費用は、実際のキャッシュの出入りにかかわらず、お客様に商品を販売した時点、商品を仕入れた時点で、会計上「認識」され、帳簿に計上されます。実はこのことが、「会計上の利益」と「キャッシュの残高」が違う原因の一つとなっています。

このように、利益とキャッシュは異なりますから、企業は利益を生み出していても、キャッシュが不足して倒産することがあります。これが**黒字倒産**です。これは売上が計上されていて利益は出ているのに、取引先から代金を回収出来ず、資金繰りに困って倒産するといったことです。

それではなぜ、「利益」という概念が必要なのでしょうか。

実は、企業がプロジェクトのように一定期間後に終了するのであれば、「利益」という概念は必要ありません。なぜなら、プロジェクト終了後に残ったお金を資金提供者に分配すれば良いからです。つまり、プロジェクト終了時点で借金があればそれを返済し、あとは株主の出資割合に応じてお金を分配すれば済む話です。

ところが、実際の企業はどうでしょうか。事業活動がずっと続く前提で、様々な制度が設計されています。その継続している企業を無理矢理1年で区切って利益計算をしているわけです。

利益計算の目的は、大きく分けて三つあります。

第一に、税金を計算するためです。税引前当期純利益をベースに税金を計算するのです。

第二に、資金提供者である株主への分配額を決めるためです。

最後に、企業の内外に「利益」を使って業績がいいのか悪いのかをコミュニケーションするためです。

このように「利益」という概念が必要なのは確かです。ただ、**企業存続のためにはキャッシュが大切である**ということを覚えておいて欲しいと思います。

■ワンワールド・ワンルール

会計が扱う「利益」ですが、実はそのときどきの会計基準や経営者の判断によってある程度調整することができます。それが「**利益は意見**」と言われる所以《ゆえん》です。

会計基準とは、簡単に言えば、決算書の作り方に関するルールのことです。ワンワールド・ワンルールをスローガンに国際会計基準という形で世界的に会計基準を統一していこうという流れはあるものの、日本には日本の会計基準が、米国には米国の会計基準があります。同じ企業でも、会計基準によって「利益」の金額は変わります。

これに対して、ファイナンスが扱う「キャッシュ」は、どの会計基準でもその残高は変わりません。「**キャッシュは事実**」とか「**キャッシュは嘘をつかない**」と言われる所以です。

■過去か未来か

また、会計とファイナンスとでは対象となる「時間軸」も異なります。

会計が扱うのはあくまでも「**過去**」の業績です。決算書を構成する貸借対照表や損益計算書、キャッシュフロー計算書の数字はいずれも、過去の数字です。未来の目安にはなっても、未来を約束してくれるわけではありません。

これに対して、ファイナンスは「**未来**」の数字、すなわち企業が将来生み出すキャッシュフローを扱います。キャッシュフローとは、企業活動によって生じるお金の流れのことをいいます。

ファイナンスが近年、経営者に重要視されるようになったのは、ファイナンスが「未来」に焦点があるからです。というのも、経営者自身が常に「現在」と「未来」の二つの時間を考える必要に迫られているからです。

言い換えれば、経営者は常に「現在の投資」と「将来のリターン」のバランスをとる必要があるということです。投資なくして将来のリターンがないのは当たり前のことです。

もちろん、だからと言って、将来のために過大な投資をすることは避けなくてはいけません。しかし、その一方で目先のキャッシュの増加を重視するあまりに、投資をケチってもいけません。このように経営者は現在と未来とのバランスをとることを常に求められているのです。

「利益」を扱うか、「キャッシュ」を扱うか、そして時間軸が「過去」を向いているか、「未来」を向いているか、この二点が会計とファイナンスの大きな違いと言えるでしょう。

■貸借対照表とは

決算書は、財務三表と言われる**貸借対照表**、**損益計算書**、**キャッシュフロー計算書**で構成されています。まずは、貸借対照表から説明しましょう。

貸借対照表はバランスシート、略してBSとも言われます（ここからはバランスシートで統一します）。27ページの図表1をご覧になるとお分かりのように、表の左側を「**資産**」、右側の上側を「**負債**」、下側を「**純資産**」と呼びます。ちなみに、左右がバランスしているから、バランスシートというのではありません。バランスとは、残高（Balance）のことを指します。ですから、**バランスシートとは残高表のこと**を言います。

ちょっと横道にそれました。バランスシートは、企業における資金の「調達」と「運用」を表しています。つまり、その企業がどうやって資金を調達しているのか、負債〈有利子負債による調達〉という形か、純資産〈株主資本〈株式発行〉による調達〉という形か、そして、その調達した資金をどのように運用しているのか、ということを示しているわけです。

負債なり純資産なりで調達した資金〈キャッシュ〉を、左側の資産サイドでぐるぐる運用してリターンを生み出す。まずは、このイメージをつかんでください。

売上、利益がいくらかを示している損益計算書はある程度わかりやすいのですが、バランスシートはよく分からないという人が多いのが実情です。

私は決算書の中で、このバランスシートをとても重要なものと考えています。なぜなら、バランスシートを見れば、その企業が何にお金を使ってきたか、言い換えれば、何で運用しているかが分かるからです。

■ 資金調達には二つの方法がある

ここで、企業の資金調達の方法についてお話ししておきましょう。

基本的には、「**有利子負債による調達**」と、「**株主資本（株式発行）による調達**」とが

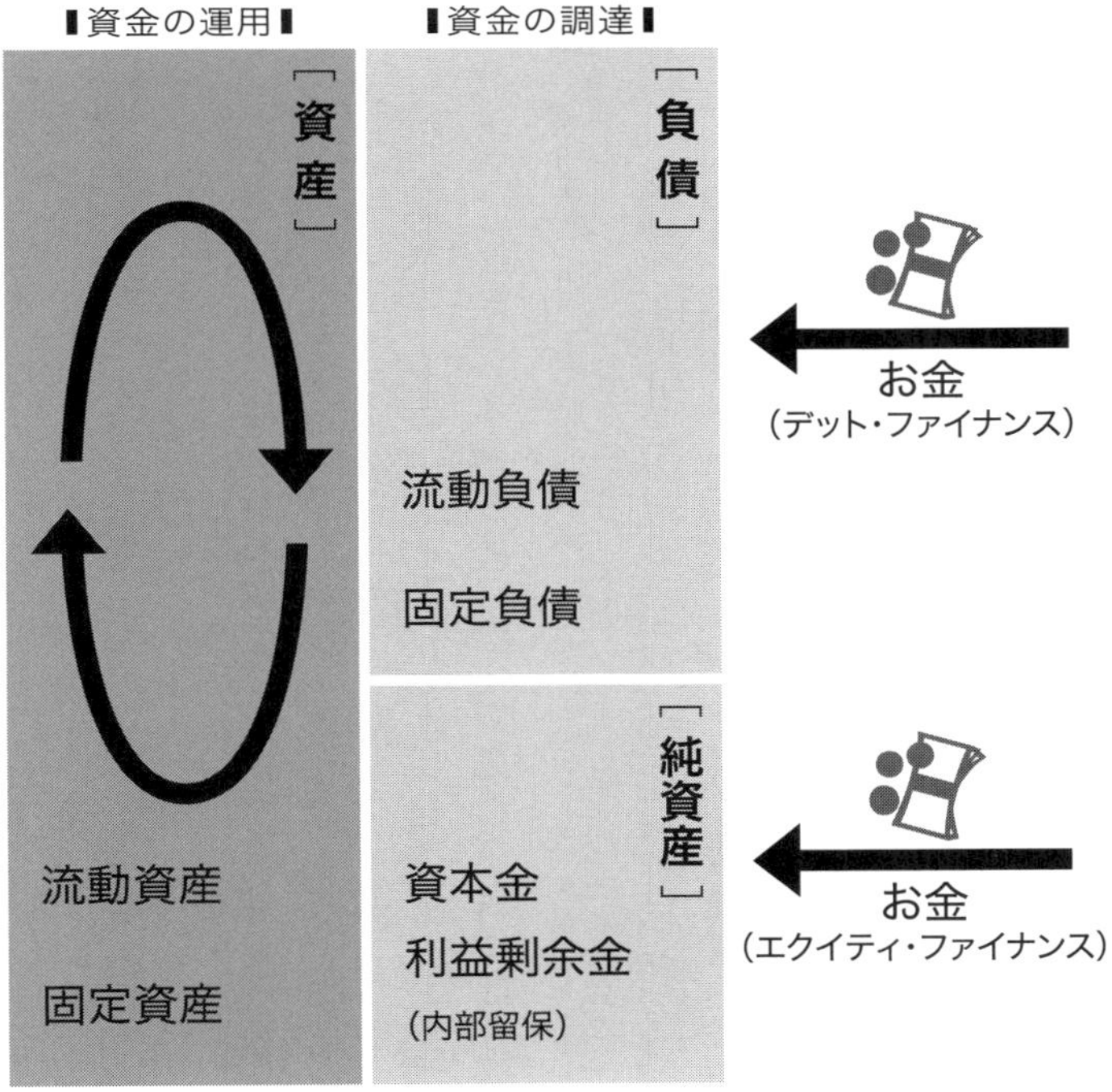

【図表1】 バランスシートのしくみ

あります。有利子負債をDebt（デット）、株主資本をEquity（エクイティ）と言います。そして、有利子負債で調達することを「**デット・ファイナンス**」、株主資本で調達することを「**エクイティ・ファイナンス**」と呼んでいます。

■バランスシートを分解する

バランスシートは、資産、負債、純資産の三つのパートに分かれました。

さらに細分化すると資産は「**流動資産**」「**固定資産**」に、負債は「**流動負債**」「**固定負債**」に、純資産は「**資本金**」と「**利益剰余金**」に分かれます。

それではまず、「流動資産」についてご説明しましょう（図表2参照）。

簡単にいえば、流動資産とは「**1年以内に現金化できる資産**」のことです。具体的には、**現金・預金、有価証券、受取手形、売掛金、棚卸資産（在庫）**が挙げられます。

固定資産は、投資をしてから「**現金化するまでに1年超かかる資産**」です。こちらは大きく分けて**有形固定資産、無形固定資産、投資その他資産**があります。

次に負債ですが、前述したように、これには「流動負債」と「固定負債」があります。

流動負債とは「**1年以内に返済する必要がある負債**」のことをいいます。これには支払手

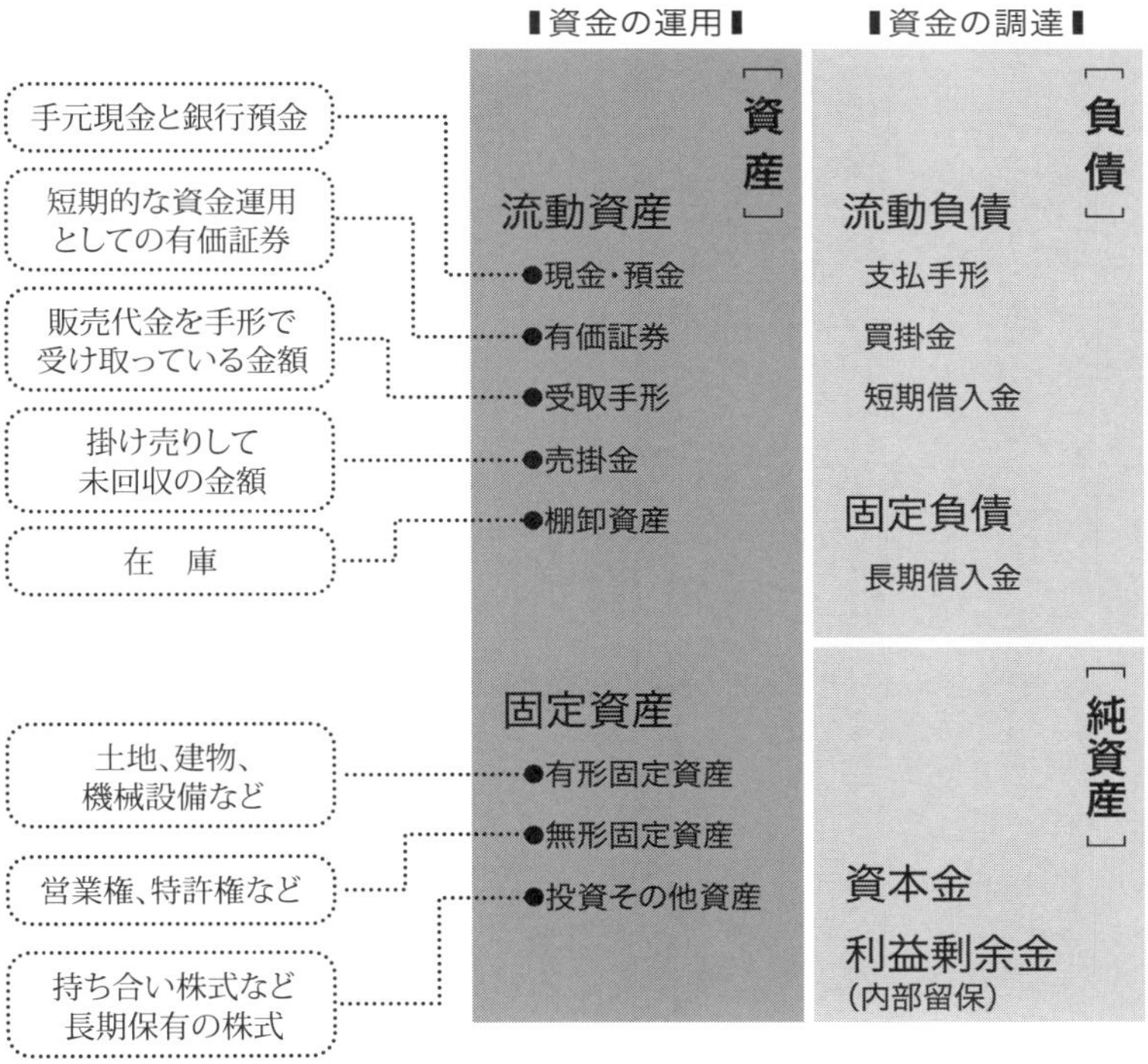

【図表2】 バランスシートの資産サイドを構成するもの

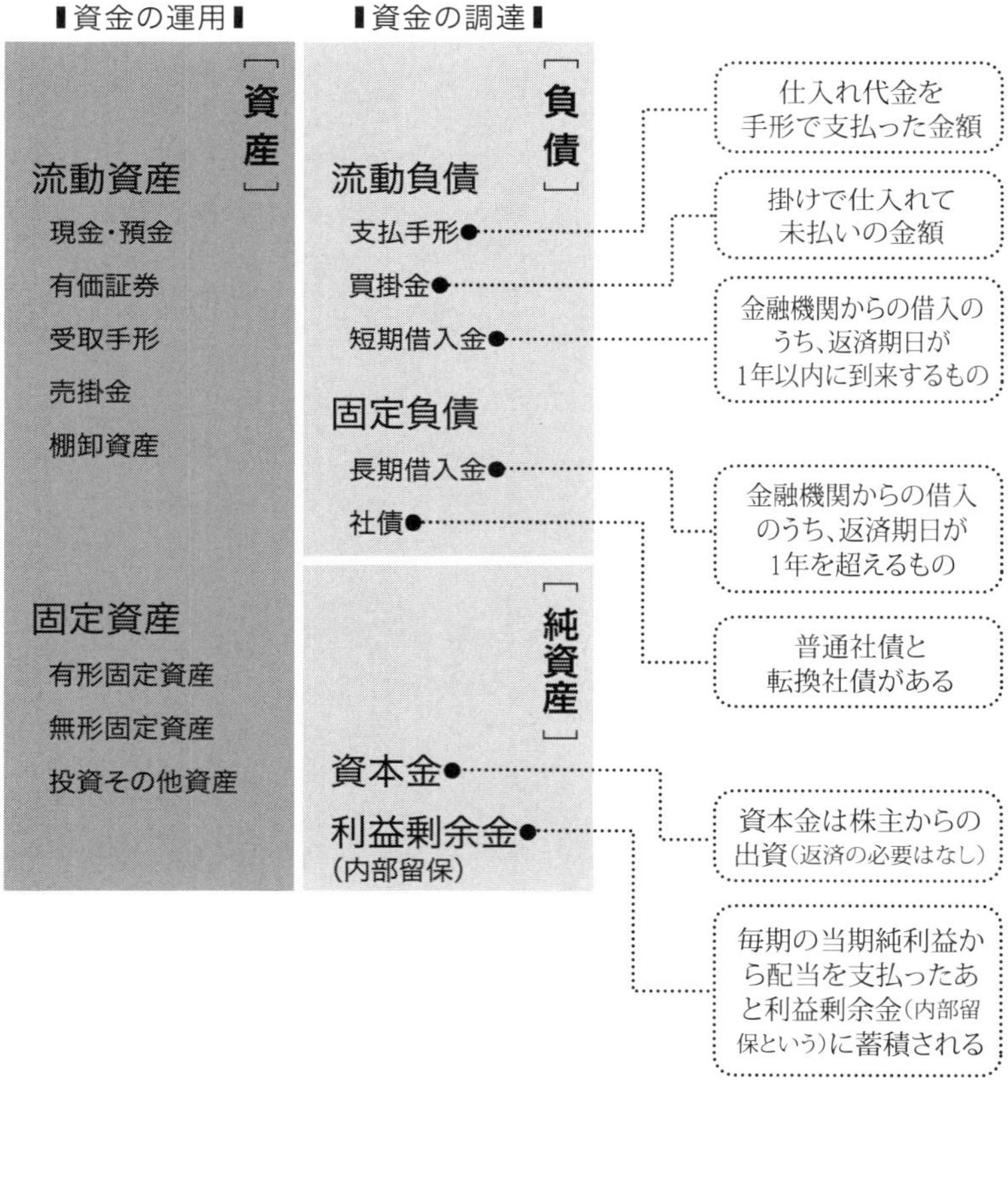

【図表3】 バランスシートの負債・純資産サイドを構成するもの

形や買掛金、短期借入金があります（図表3参照）。

一方、固定負債は、「**返済までに1年超ある負債**」です。長期借入金、社債があります。

純資産の部には「資本金」や「利益剰余金」があります。資本金は企業を立ち上げた時に株主が払い込んだお金で、返済する必要はありません。

利益剰余金は、企業が1年で稼いだ利益から配当を支払ったあと、積み上がったものです。この利益剰余金を一般的に**内部留保**と呼びます。

■内部留保は使えない

資本金や内部留保（利益剰余金）を実際に使えるお金だと思っている人がいます。先にバランスシートとは、資金の調達と運用を表すといいました。右側の負債・純資産サイドは、あくまでもどのように資金を調達したかを表すものです。

資本金や内部留保が使えるお金としてそこに残っているというわけではありません。会社が調達した資本金や内部留保は、資産サイドで売掛金や棚卸資産、あるいは土地や建物に形をかえて運用されているということなのです。ですから、資本金の大小は、企業の資金繰りには関係がありません。

それでは使えるお金はどこにあるのでしょうか。それはバランスシートの流動資産に分類されている「**現金・預金**」です。

ただ、その「現金・預金」の残高ですら、決算日当日の残高であって、いま現在の残高を表すものではありません。

バランスシートというのは、決算日当日の一断面を切り取って見せてくれるものであって、事業活動が日々行われているわけですから、刻一刻と変化しているのです。

■PL経営からBS経営へ

現在の企業を取り巻く環境は、従来のPL経営からBS経営にシフトしていく流れがあります。PLとはProfit and Loss Statementの頭文字をとったもので損益計算書を意味します。ここで申し上げているPL経営とは、つまるところ、損益計算書を重視する経営のことで、「売上をあげろ」「コストを削減して利益をあげろ」など、PLのことしか言わない経営のことを指しています。

もし、あなたが去年よりも今年の営業利益の金額を2倍にできたとしたら、PLしか見ないPL経営者であれば、手放しで褒めてくれるでしょう。

ところが、BSを重視する経営者は、手放しで褒めてはくれません。なぜでしょうか。

それは、営業利益という「アウトプット」だけに着目して、その「アウトプット」を獲得するためにどのような「インプット」をしたのかという議論が抜けているからです。

経営の世界における「インプット」とは何でしょうか。それは経営資源（ヒト、モノ、カネ、情報、時間）と言われるものです。あなたが経営資源を去年よりも今年10倍投入した結果、営業利益（アウトプット）が2倍だったら、褒められないことはお分かりになるでしょう。

■損益計算書の五つの利益

次は、損益計算書について。これはバランスシートに比べれば単純です。売上からかかった費用を差し引いて、いくらの利益（あるいは損失）が出たのかを表すものだからです。

利益は、**売上総利益**、**営業利益**、**経常利益**、**税引前当期純利益**、**当期純利益**の五つになります。それぞれ、ご説明しますので、35ページの図表4をご覧ください。

まず、売上高というのは、その企業が提供する製品や商品、サービスの販売額です。そして売上原価は、メーカーであれば、原材料費、労務費、機械設備などの減価償却費といった製造コスト、小売業であれば、商品の仕入れコストに当たります。

売上高からこの売上原価を引いたものが、売上総利益です。通常、**粗利益**とか**粗利**などとも言われます。売上総利益は、その会社の付加価値力、つまり、その会社がどれぐらい製品や商品、サービスに付加価値をつける力があるのかを表す利益と言えます。

売上総利益から販売費及び一般管理費を引いたものが営業利益です。「**販管費**」と縮めて言われることの多い販売費及び一般管理費は、人件費、研究開発費、広告宣伝費など、製品や商品、サービスを販売するためにかかった費用や管理活動にかかった費用のことを言います。そして、営業利益は「**本業の儲ける力を表す利益**」と言えます。

営業利益に、本業以外の収益と費用（受取利息や支払利息等）をプラスマイナスしたものを経常利益と言います。経常利益とは本業での儲けだけでなく、財務活動に関する収益と費用を考慮した利益と言えます。

ちなみに、この経常利益は日本の会計基準にしか存在しない利益概念です。支払利息を引いた後の経常利益が日本国内で重要視されてきたのは、日本では銀行からの借入による資金調達が一般的であったためであると言われています。

① 売上高	製品・商品・サービスの販売額
② 売上原価	製品の製造コストや商品の仕入れ額
③ 売上総利益（粗利益）＝①－②	付加価値をどれくらいつけたのかを表す利益
④ 販売費及び一般管理費	販売活動や管理活動にかかった費用
⑤ 営業利益＝③－④	本業の儲ける力を表す利益
⑥ 営業外収益（受取利息、受取配当金、持分法による投資利益など）	営業活動以外の経常的に発生する収益
⑦ 営業外費用（支払利息など）	営業活動以外の経常的に発生する費用
⑧ 経常利益＝⑤＋⑥－⑦	通常の営業活動や財務活動から生み出される利益
⑨ 特別利益	特別な要因によって発生した利益
⑩ 特別損失	特別な要因によって発生した損失
⑪ 税引前当期純利益＝⑧＋⑨－⑩	企業のすべての活動から生み出された利益
⑫ 法人税等	当期の所得に対して、税法に基づき計算された税金
⑬ 当期純利益＝⑪－⑫	税金の差し引き後に最終的に残った利益

【図表４】　損益計算書のしくみ（日本の会計基準）

次の特別利益や特別損失というのは、その名の通り、特別な事情によって一時的に発生した収益や損失を表します。そして、法人税を引いたあとは当期純利益になります。

■営業活動によるキャッシュフロー

次にキャッシュフロー計算書について説明しましょう。39ページの図表5をご覧ください。キャッシュフロー計算書は、企業にどれだけの現金収入があって、どれだけの現金支出があったかというキャッシュの流れを表すものです。バランスシートの1年間の現金・預金の増減の原因を知りたければ、キャッシュフロー計算書を見れば一目瞭然です。

キャッシュフロー計算書は、「**営業活動によるキャッシュフロー**」と「**投資活動によるキャッシュフロー**」、そして「**財務活動によるキャッシュフロー**」の三つのパートに分かれています。

「営業活動によるキャッシュフロー」を見ると、企業にどれだけのキャッシュを生み出す能力があるかがわかります。上場企業の中には、損益計算書上では黒字でも、「営業活動によるキャッシュフロー」がマイナスの企業もあります。なぜかというと前述したように利益とキャッシュは違うからです。つまり、売上が上がって利益が出ていたとしても、代金を回収していなければ、手元にキャッシュはありません。これでは資金繰りに問題が生じます。

したがって、「営業活動によるキャッシュフロー」がマイナスということは、経営上問題がある可能性が出てくるわけです。

■投資活動によるキャッシュフロー

次に「投資活動によるキャッシュフロー」についてです。この数字を見れば、企業が何にいくら投資をしているかがわかります。「投資活動によるキャッシュフロー」に出てくる有形固定資産取得のための支出額と「営業活動によるキャッシュフロー」に出てくる減価償却費とを比較することによって、その企業が設備投資に積極的かどうかがわかります。成長期にある企業は設備を増強する必要があることから、減価償却費より支出額が大きくなる傾向にあります。一方、成熟期にある企業は、支出額と減価償却費が同水準、あるいは減価償却費の方が大きくなってきます。設備を維持するための最低限の設備投資しか必要ないからです。

ただし、投資活動に積極的ならそれでいいというわけではありません。

営業活動に結びつかないような投資をしているとすれば、過大投資じゃないのか、という懸念も出てきます。ですから、両者の数字を比較する場合、そのあたりのバランスに注意する必要があります。投資活動というのは、企業からキャッシュが出ていくこと（キャッシュアウト）ですから、「マイナス（△）」表示になります。

一方、「営業活動によるキャッシュフロー」は、健全に経営が行われていれば、企業にキャッシュが入ること（キャッシュイン）になるので、「プラス」表示になります。この二つを合わせてプラスになれば、この企業は、投資活動を補って余りあるほど営業活動で十分なキャッシュを稼いでいることになりますから、有利子負債を削減したり、配当や自社株買いによって株主へ還元することもできるわけです。

「営業活動によるキャッシュフロー」と「投資活動によるキャッシュフロー」の合計を「**フリーキャッシュフロー（簡便法）**」といいます。事業価値を算定する際に用いられるフリーキャッシュフローは別の定義になります。詳しくは第3章で解説します。このフリーキャッシュフロー（ＦＣＦ）が2期連続マイナスとなるような場合は、注意が必要です。なぜなら、営業活動に結びつくような投資活動になっていないと考えられるからです。

このように「投資活動によるキャッシュフロー」は「営業活動によるキャッシュフロー」

キャッシュフロー計算書	(億円)	
(Ⅰ) 営業活動によるキャッシュフロー		
①税引前当期純利益	361	
②減価償却費	232	
③投資有価証券売却損益(△は益)	△11	
④固定資産売却損益(△は益)	0	
⑤売上債権の増減額(△は増加)	△65	
⑥棚卸資産の増減額(△は増加)	△50	
⑦支払い債務の増減額(△は減少)	23	
⑧その他の資産、負債の増減額	138	
⑨法人税等の支払い額	△231	
営業活動によるキャッシュフロー	397	①
(Ⅱ) 投資活動によるキャッシュフロー		
①定期預金の純増減額(△は増加)	96	
②固定資産売却による収入	0	
③固定資産取得による支出	△532	
④投資・有価証券取得による支出	△42	
⑤投資・有価証券売却による収入	17	
投資活動によるキャッシュフロー	△461	②
(Ⅲ) 財務活動によるキャッシュフロー		
①短期借入金の純減少額	△11	
②長期借入による収入	289	
③長期借入金の返済による支出	△21	
④配当金の支払い額	△50	
財務活動によるキャッシュフロー	207	③
現金及び現金同等物の増減額	143	(=①+②+③)
現金及び現金同等物の期首残高	523	
現金及び現金同等物の期末残高	666	

(Ⅰ) 営業活動によるキャッシュフロー

- 企業がどれだけのキャッシュを生み出す能力を持っているかがわかる
- このキャッシュフローの水準が同業他社比で高い場合、競争力があるといえる(他社とは営業CF/売上高や営業CF/投下資本などの比率で比較するとよい)
- このキャッシュフローがマイナスの場合、経営上、問題がある可能性がある(ただし、企業の事業ステージが導入期の場合はこの限りではない)

(Ⅱ) 投資活動によるキャッシュフロー

- 何にいくら投資しているかがわかる
- 減価償却費と固定資産取得による支出を比較してみることによって、設備投資に積極的かどうか把握できる
- 営業CFとのバランスに注意が必要(FCFが2期連続マイナスは黄色信号)

(Ⅲ) 財務活動によるキャッシュフロー

- キャッシュの過不足の状況や資金調達方法、財務政策を把握することができる
- プラスの場合は、必要な資金が不足しており、新たに資金調達したことがわかる
- マイナスの場合は、営業活動で十分なキャッシュを稼いでおり、有利子負債の削減や配当・自社株買いなどにより株主への還元が行われたことがわかる

【図表5】 キャッシュフロー計算書のしくみと考え方

とのバランスが大事ということです。

■財務活動によるキャッシュフロー

この「財務活動によるキャッシュフロー」を見ることで、その企業における営業活動ならびに投資活動におけるキャッシュの過不足の状況や資金の調達方法を把握することができます。言い換えれば、その企業の財務戦略がわかるわけです。

例えば、資金調達に関していえば、金融機関などからの借入金で調達したのか、社債を発行して調達したのか、それとも株式を発行して調達したのかがわかります。資金調達した場合は、「プラス」表示になります。

一方、借入金を返済したり、社債を償還（返済）したり、配当を支払ったりする場合は、「マイナス（△）」表示になります。

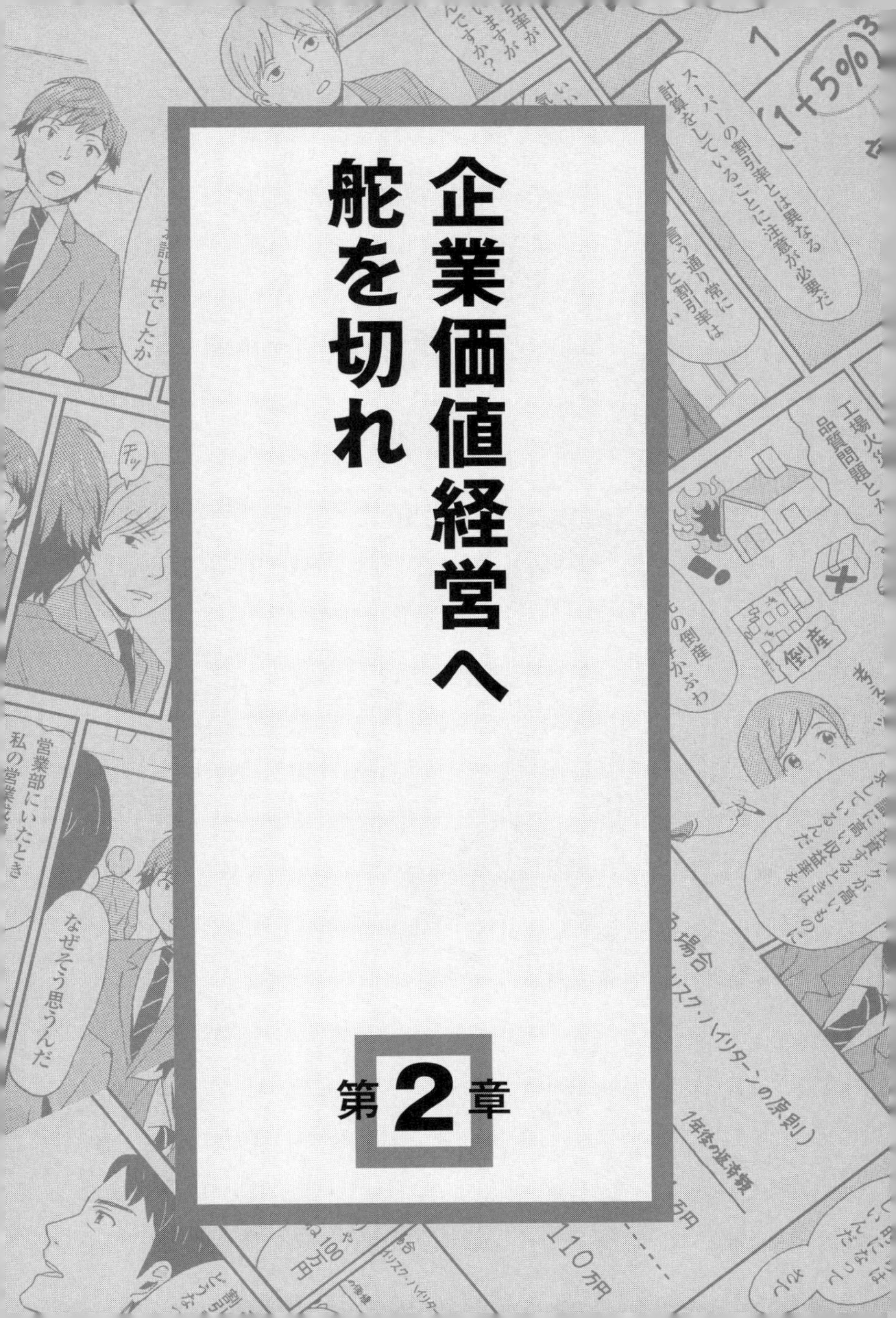

第2章

企業価値経営へ舵を切れ

会議室
B
使用中
急に会議室に行くように言われたから来たけど……なんの用事だろ
ガタッ
私も用件は聞かされてないの
部署も全員違うし…一体何なんだ
俺は暇じゃないんだぞ…
ガチャ
営業部　村上信弘
全員集まっているな
！
あっ陣内部長！
急な話だが…
君たちは全員再建のためのプロジェクトメンバーに選ばれた
カッ
カッ
再建は組織横断的に実行していく必要があることから各主要部署からメンバーを選抜した

営業部からは村上
購買部からは工藤
製造部からは田端
そしてチームリーダーは財務部の嵐山だ
！
嵐山《アイツ》がリーダーだと…!?
えっ…リーダー…?
このチームのミッションは企業価値を高めるための具体的なアクションの策定と実行支援だ
まずは1年後の社債の償還100億円のためのキャッシュをつくることが最優先課題だ
社債の償還《しょうかん》?
社債とは資金調達のためにうちが発行した債券のことだ
償還というのはその返済が1年後に迫っているということだ

1年間で100億円のキャッシュをつくることなんてできるのでしょうか？
できるか？ではなく、やらねばならない状況に我々はいるということだ
午後からはミッション達成のために必要最低限のファイナンスの知識を身につけてもらう
私が講義をするからそれまでは手持ちの仕事の引き継ぎに入ってくれ
君たちの上司にはすでに了解を得ている
以上だ
講義か～ついていけるかな…
陣内部長ちょっといいですか
なんだ？
なんで嵐山がリーダーなんですか？
なんで　というと？
私のほうが適任だと思うんです
陣内部長はご存じないかもしれませんが、営業部時代の嵐山は使えない奴だったんです
チームリーダーについては社長と私で話し合って決めたことだ
ですが…

陣内部長
お話いいですか…
あ、すいません
村上さんがお話し中でしたか
俺の話は済んだよ
失礼します
くるっ
チッ
？
嵐山　用件は？
あっはい…あの、リーダーは
私で本当にいいんですか？
村上さんのほうが
適任ではないかと…
なぜそう思うんだ？
営業部にいたとき
私の営業成績は
さんざんだったんです
それに引き替え
村上さんは営業部の
エースですから
村上
嵐山

嵐山
リーダーは指導者だよな
その指はどこを指していると思う?
過去じゃなくて未来なんだ
リーダーになったからには過去ではなく
未来を向いてほしい
お前なら大丈夫だ
期待しているよ
……はい!

会議室
B
では始めよう
君たちにはぜひファイナンスの基本を知ってもらいたい
まずはファイナンスの基本中の基本の話をしよう
それはお金の時間価値というものだ
時間価値…？
君たちが怪訝《けげん》な顔をするのも理解できる
では田端
今の100万円と3年後の100万円を選べと言われたら
君はどちらを選ぶ？
今 100万円
3年後 100万円
え…100万円をもらえるんだったら今の100万円を選びますけど

なぜ？
そうですね— 3年後に陣内部長の気持ちが変わっちゃうかもしれないですし…
そうだ！ 今100万円を銀行に預ければ 3年後に利息がつきますよね 3年後の100万円と比べてみれば 利息分だけ得だからです！
3年経過
現在
100万円
利息
100万円
そうだ 今の100万円は時間が経過すると利息分だけ価値が増える
お金の時間価値
これを お金の時間価値 というんだ
裏を返せば3年後の 100万円は今を生きる 我々には100万円の価値は ないってことになるな
う〜ん なんとなく分かります
メモメモ…
具体的に考えてみよう 100万円を利率5％の 預金口座に3年間 預け入れたら 3年後の口座残高は いくらになってる？
100万円
利息5%
3年間
?

1年間で5万円の利息がつくから115万円になっているんじゃないですか？
確かにそのような単利計算という利息の計算方法もある
しかしファイナンスでは複利計算が一般的なんだ
1年後預金残高が105万円になる所までは同じこの残高に5％の利息がつくと2年後には110・25万円になる
さらにこの残高に5％の利息がつくとするそうすると3年後の残高は約115・76万円になる
キュ
キュッ
100×(1+5%)=105
⇨1年後の預金残高
105×(1+5%)=110.25
⇨2年後の預金残高
110.25×(1+5%)=115.76
⇨3年後の預金残高
単利計算よりも金額が大きくなっているのは、複利計算では利息に利息がつくからなんですね
その通りだ
このときの115・76万円を今の100万円の3年後の将来価値と表現する
ここまではいいな？

次に重要な概念は将来価値に対するもので現在価値だ
将来のお金は今の我々にとってみればその額面通りの価値はなかったよな
将来のお金を今の我々にとっての価値に直したものを現在価値という
現在…？ ちょっとややこしくなってきた…
嵐山
たとえば3年後に115・76万円受け取りたいとすると5%の預金口座にいくら預ければいいだろう？
え―っと…ちょっと待ってくださいね…
115・76で…えっと…
さっき100万円を5%の預金口座で3年間運用したときの将来価値が115・76万円になりましたよね
逆から考えてみれば3年後に115・76万円受け取れるためには100万円預ければいいんじゃないかしら
その通りだ
3年後の115・76万円の現在価値は100万円ということになる

期待（要求）収益率
現在価値
100×(1+5%)³
将来価値
100万円
115.76万円
115.76 × 1/(1+5%)³
割引率
■ 3年後の115.76万円を年率5%で割り引くと100万円になる
■ このときの%を「割引率」といい、期待（要求）収益率と表裏一体の同じものである
■ 割引率、期待（要求）収益率は、投資対象に対するリスクの感じ方によって変化させる
これは現在価値と将来価値の関係だ
この図はファイナンスの最も重要な概念を表している
ナルホド！
結衣ちゃん頭の回転速いな～
100万円を5％で3年間運用すると将来価値は115・76万円と算出できる
期待収益率
要求収益率
コン
このときの5％を期待収益率とか要求収益率というが今は要求収益率と呼ぼう
収益率というのはリターンとか利回りと同じと考えていいんでしょうか？

期待(要求)収益率
そうだ 収益率＝リターン＝利回りだ 将来価値115・76万円を現在価値に変換することを割り引くと表現する このとき使われる率を割引率というんだ
スーパーの割引率とは異なる計算をしていることに注意が必要だ
$(1+5\%)^3$
割引率
要求収益率と割引率が同じになっていますが常にそうなんですか？
いいところに気がついたな
村上の言う通り常に要求収益率と割引率は同じと考えていい
ここまではいいかな
さていきなり質問だが…
リスクという言葉を聞くとどんなことをイメージする？
(要求)収益率
現在価値
将来価値
76万円
工場火災とか品質問題とか
仕入れ先の倒産なんてのも浮かぶわ
倒産
考えるだけでツライ…

世間一般ではリスク=損失なんていうマイナスのイメージで使っているが
キュッ
危機
ファイナンスの定義は大きく異なる
私が通ったビジネススクールのファイナンスの教授はこの東洋の文字がリスクの本質を的確に表していると説明してくれたんだ
危 機
この危機という字は危険と機会という二つの漢字から成り立っている
つまりファイナンスのリスクとはマイナスなことだけでなくプラスの側面もあるってことだ
危機
険会
プラスの側面もあるってどういうことでしょうか?
そうだな具体的に説明しよう
キュキュッ

株価
A社
B社
時間
嵐山 A社とB社の株ではどちらがリスクが高いと思う?
そうか 今までの感覚だとB社のほうがリスクが高いって思いますけどファイナンス的には違うんですよね?
その通り リスクとは危険や損失を意味しない プラスとマイナスのバラツキなんだ
株価
A社
B社
時間
バラツキが大きければリスクが高いということになる
リスク高
株価
A社
B社
時間
株価が一直線に下落しているのを見てリスクが低いというのはなんか腹落ちしませんけど…

まだリスク＝損失
と考えているな
将来下落することが
わかっていればやり方に
よってはいくらでも儲ける
ことはできる
リスクとは危険や
損失などではない
リスクとは
将来の想定される
結果のバラツキ
と覚えておいてほしい
ナルホド…
今の話を聞いて
ハイリスク・ハイリターン
という言葉の意味が
よくわからなくなってきたわ
ん？
銀行に行ったとき
こう説明されたんです
この金融商品は
ハイリスクですが
その代わりハイリターンが
得られますよって
それは
間違いだ
ハイリスク
というのは
バラツキが大きい
ということだ
リターンが高いときは
いいがその反対も
あり得るということだ
じゃあ銀行は嘘ついた
っていうことですか？

いや　おそらく
担当者が理解して
いなかっただけだろう
ハイリスク・ハイリターンの本当の意味は
リスクが高いものに
お金を投資する場合は
高いリターンを要求すべき
ということだ
Return BIG Please!
投資
ということは
リスク、つまりバラツキの
程度が分からなければ
投資してはいけないって
ことになりませんか?
その通り
なんでですか?
バラツキが
わからなければ
要求すべき収益率が
わからないからだ
ところが多くの人が
リターンの数字
だけを見て高い低いと
論じている
私から言わせれば
ナンセンスだ
数字のマジック…
そうか…
なんか自分も
やってそうだ
あっ、
さっき陣内部長がホワイトボードに
書いたことで気になっている言葉が
あるんですが
要求収益率=割引率は
投資対象に対するリスクの
感じ方によって変化させるって
ありました
リスクの感じ方で変えるって
どういうことですか?
いいところに
気がついたな

たとえば嵐山の親友がやってきて100万円を1年間貸してほしいと言ったとする
何パーセントの利率を要求する？
親友ですよね
そうですね〜
とったとしても1％くらいでしょうか
100万 +1%
親友
それでは単なる知り合いから同じことを頼まれたらどうする？
本当は断りたいところですけど…あえて言うなら10％くらいでしょうか
親友と知り合いで要求する収益率を変えたよな
それは相手に対するリスクの感じ方が違うからだ
リスクとは想定される結果のバラツキなんだ
さてお金を貸した1年後に何が想定される？
えっと
貸したお金が返ってくる…
あっ、返ってこないこともあるか
貸したお金が返ってくる返ってこないのバラツキが親友と知り合いでは違うだろ
親友
返ってこない
返ってくる
知り合い
知り合い
返ってこない
返ってくる
リスク高
知り合いのほうがバラツキが大きい
つまりリスクが高いから高い収益率を要求しているんだ

もしかしてこれがハイリスク・ハイリターンということですか？
そうだ
我々はリスクが高いものにお金を投資するときは無意識に高い収益率を要求しているんだ
これからは自覚的になってほしいんだ
さて
キュッ
リスクが高いと感じられる場合
高い収益率を要求する（ハイリスク・ハイリターンの原則）
貸出対象 要求する収益率 現在の価値 1年後の返済額
親友 1% 100万円 ▶ 101万円
知り合い 10% 100万円 ▶ 110万円
親友と知り合いに貸した1年後の返済額はそれぞれ101万円、110万円になる
これは1年後の将来価値だな
それでは現在価値はいくらになる？
そりゃ100万円ですよね
今100万を貸すんだから現在価値は当然100万でしょ
それでは割引率はどうなってる？

同じ1年後の100万円でも
親友に貸した100万円のほうが現在価値が高い

どうだ？

貸出対象	要求する収益率	現在の価値		1年後の返済額
親友	1％	99万円 $= 100 \times \frac{1}{1+1\%}$	◀	100万円
知り合い	10％	91万円 $= 100 \times \frac{1}{1+10\%}$	◀	100万円

そうか!!
親友の場合は割引率が1%だから100万円を1.01で割って…約99万円
現在の価値
100万円
99万円
= 100×1/(1+1%)
100万円
91万円
= 100×1/(1+10%)
知り合いは100万円÷1.1で…約91万円
カチカチ
どうだ？
知り合い
100万
親友
100万
価値
同じ1年後の100万円でも価値が異なるのか！
知り合いに貸した1年後の100万円のほうが価値が低いのはリスクが高いからだ
そうだ ここでお金の基本原則をまとめておこう

お金の基本原則とは何か
◆ 今日の100万円は3年後の100万円よりも価値がある
◆ 安全な100万円のほうが、リスクがある100万円よりも価値がある
今日の100万円は3年後の100万円よりも価値がある
安全な100万円のほうがリスクがある100万円よりも価値があるということだ
なるほど…
ファイナンスって奥が深いな～
これくらいで感心してどうするまだファイナンスの入り口だぞここは
ずっ
そうなの!?
さあどんどんいくぞ

解説

リスクは損失ではない

ここで、リスクの本質について考えてみましょう。

リスクには「**危険**」と「**機会**」の両方の意味合いがあります。株価が下がる可能性が高いとしてもリスクが高いということにはなりません。

リスクとは損失を表すわけではないからです。また、株価が下がることが必ずしも損失を表すわけではありません。むしろ、株価が将来確実に下がるとわかっていたら、それを見越してあなたは儲けることも可能です。

例えば、「空売り《から》」というものがあります。具体的にご説明しましょう。ここでは、話を簡単にするために手数料や金利は考えないものとします。

まず、株価500円のX社の株式を1株、証券会社から借ります。それをすぐさま市場で売却すれば、あなたには500円のキャッシュが手に入ります。その際に、6カ月後にその株式を返却するという契約を証券会社と結んでおき、6カ月後に株価が300円に下落すれば、今度はその株式を300円で買って証券会社に契約通り返却します。500円で売却して、300円で買っていますから、結局差し引き200円の儲けとなるわけです。

このように、将来株価が確実に下がると分かっていれば、「空売り」などで確実に儲けることができるのです。

こうしてみると、株価が下がるということを損失と考えたり、リスクと考えたりするのがおかしいことがお分かりになるはずです。むしろ、株価が将来どうなるかが分からないという「不確実な状態」をリスクと考えるわけです。ファイナンスでは、金融資産の価格変動が大きければ大きいほど（バラツキが大きいほど）「リスクが高い」と捉えます。

ここまでの話で、ファイナンスの**リスクの本質が「将来の不確実性」にあり、そして「バラツキ」にある**ということをご理解いただけたと思います。

■リターンと利回りと収益率は同じもの

ここでファイナンスにおけるリターンをきちんと定義しておきましょう。

リターンは「**利回り**」「**収益率**」と同じ意味で、投資した元本に対して、1年あたりどれだけ増えたり、減ったりしたかの割合を示すものです。ちょっと難しいかもしれませんね。具体的に考えてみましょう。

あなたは、400円で購入したX社の株式を1年後に600円で売却しました。あなたにとってのリターンはいくらでしょうか。ただし、この1年で配当などはなかったものとします。実は、リターンというのは、アウトプットをインプットで割り算することで計算できます。

ここでのアウトプットとは、投資元本からの増減額です。したがって、200円（=600円－400円）がアウトプット。インプットは、いくら投資したかですから、400円です。リターン=200÷400×100%=50%となるわけです。

■お金の価値は手に入れるタイミングで変わる

今、目の前にある100万円と遠い将来の100万円では、価値が違うということは直感的に理解できると思います。

もし、500年後に1億円もらえるとしても、今を生きる私たちにとっては、1億円もの価値はありません。むしろ「いますぐ、100万円もらった方がいい!」という人もいるかも知れません。このように、私たちにとってお金の価値は、受け取るタイミングが将来になればなるほど小さくなっていきます。

「**お金の価値は手に入れるタイミングで変わる**」という考え方はファイナンスの中でも、

最も重要な考え方といえます。ここからは、「**お金の時間価値**」について考えてみましょう。

「お金の時間価値」とは、簡単に言えば、「**今日の1万円の方が明日の1万円よりも価値がある**」ということです。

■将来価値と現在価値

「お金の価値」には「**将来価値**」と「**現在価値**」があります。

この両者の間に深く関わっているのが複利計算の考え方です。複利計算とは、利息の計算方法の一つで、利息を毎年引き出さずにそのまま元本と一緒に運用していくというものです。「**利息が利息を生む**」というのが複利計算の特徴です。

将来価値とは、今のお金を複利で運用した場合に将来どれくらいの価値になるかということです。例えば、今の100万円を年利10％で3年間運用した場合の将来価値は、次のように求めることができます。

100万円 ×（1＋10％）×（1＋10％）×（1＋10％）＝

100万円 ×（1＋10％)^3 ＝ 133万円

この式の中で（１＋１０％）の「１」は元本を表しています。この「１」がないと利息額10万円だけが計算されることになってしまいます。３年間運用しますから、（１＋１０％）を3回かけています。将来価値の計算式は図表6のようになります。

次は、現在価値についてご説明しましょう。年利10％とすると、今日の１００万円は、1年後には将来価値１１０万円になっています。そう考えると、今日の１００万円の方が1年後の１００万円よりも10万円価値が大きいことになります。この差を「**お金の時間価値**」といいます。

キャッシュを受け取る場合は、できるだけ早く受け取ったほうがその分、利息を稼げる

$$将来価値 = CF \times (1+r)^{n}$$

CF：元本　　r：利率　　n：年数

【図表６】　将来価値の計算式

からお得なのです。

一方で、キャッシュを支払う場合は、できるだけ遅くした方がお得というわけです。

このようにお金には時間価値があることから、時間軸が異なるキャッシュを比較する場合は、時間の価値を調整してやる必要があります。将来のキャッシュが、現在のいくらに相当するかを計算するためには、利率で割り算することで計算することができます。先ほどの例でいえば、今の100万円に1・1（＝1＋10％）をかけて、1年後の将来価値は、110万円と計算することができました。1年後の110万円の現在の価値を求めるのは、この計算の逆を行うわけです。

つまり、110万円を1・1（＝1＋10％）で割り算することによって、現在価値100万円と計算するのです。

あなたが行ったこの計算プロセスを「1年後のキャッシュを割引率10％で現在価値に割り引く」といいます。このように、将来価値を現在価値に換算するときに使う利率を**割引率**といいます。

反対に現在価値から将来価値を求めるときの利率は、**期待（要求）収益率**という言い方をします。ここが、混乱しやすい点ですが、将来価値と現在価値を換算する利率の表現の仕方が違うだけで、**期待（要求）収益率と割引率は、まさに表裏一体の関係**になっています。

期待収益率と要求収益率とは同じものですが、今後は、要求収益率に統一したいと思います。なぜなら、その方が割引率の本質がお伝えしやすいからです。

この将来価値、現在価値、割引率はファイナンスで、もっとも重要な概念です。いや、むしろこれが理解できなければ、ファイナンスは先に進まないともいえるものです。もう一度、三者の関係を復習しておきましょう。

現在価値に（1＋要求収益率）をかけると、将来価値になります。将来価値を（1＋割引率）で割ると、現在価値が求められます。もちろん、ここでは、要求収益率＝割引率です。5年先のお金を現在価値に割り引くという話になると、（1＋割引率）が（1＋割引率）^{5}

$$\text{現在価値} = CF_n \times \frac{1}{(1+r)^n}$$

CF_nを$(1+r)^n$で割り算する

CF_n：n時点の元本　　r：利率　　n：年数

【図表7】 現在価値の計算式

に変わることに注意してください。

現在価値を求める計算式は図表7のようになります。

■割引率の本質とは

現在価値を将来価値に換算するときに、使う利率は、要求収益率といいました。一方、将来価値を現在価値に換算するときに使う利率を、割引率といいました。要求収益率と割引率は表裏一体で同じものです。

現時点からすれば、将来のキャッシュフローはバラツキがあります。つまり、リスクがあるわけです。このバラツキの程度を割引率に反映させることになります。


ここは大切なところなので、順を追ってご説明しましょう。

あなたが親友に100万円貸すとしたら、何パーセントの利息がほしいですか？

親友だからいらないと言わず、ここは甘やかさずに取ってください。それでは、知り合いに貸すとしたらどうでしょう。あなたは、知り合いに貸す利率を親友のそれよりも高くしたはずです。なぜでしょうか。それは、親友と知り合いとでは、貸したお金が返ってくる、返ってこないの「バラッキ」が違うからでしょう。

実は、ここにファイナンスの重要な「**ハイリスク・ハイリターンの原則**」があるわけです。**リスクが高いものに投資する（=貸す）からには、高いリターンを要求すべき**ということです。これって、あたりまえのことです。つまり、リスクが高ければ高いほど、要求収益率（=割引率）は高くなり、リスクが低ければ低いほど、要求収益率（=割引率）は低くなるのです。こうして、リスクの程度を割引率に反映させることになります。

リスクがあるということは、バラツキがあるということです。1年後に100万円を確実に受け取れる場合と、受け取れるか受け取れないかがわからない場合では、現在価値に違いがあるというのは、感覚的にもお分かりいただけるでしょう。

リスクがある場合は、ハイリスク・ハイリターンの原則から要求する収益率、すなわち割引率が高くなることから、現在価値に割り引くとその価値の減少幅が大きくなるわけです。こうした考え方を、投資判断や企業価値評価につなげていくのです。

第3章

キャッシュをどう生み出すのか？（前編）

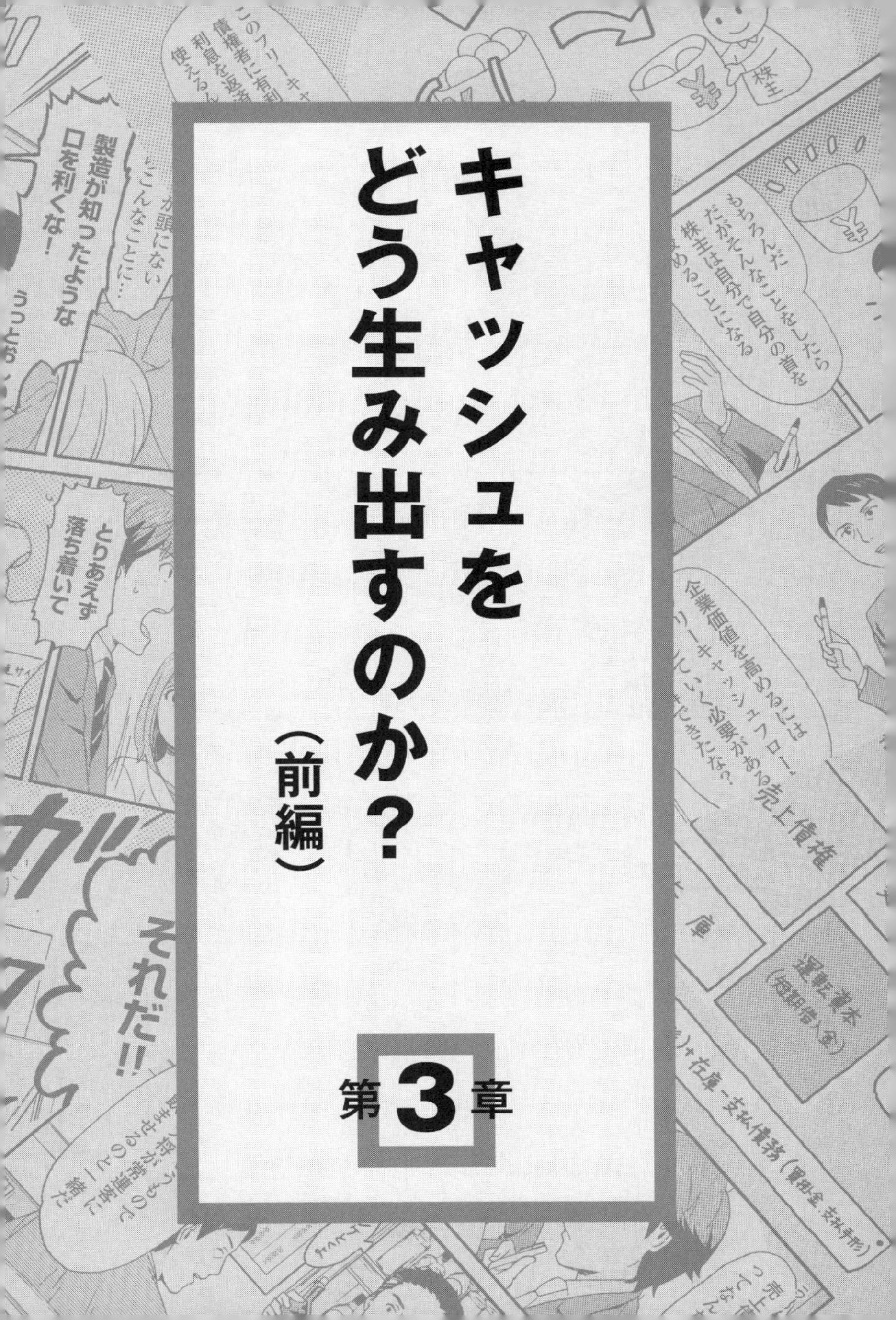

会議室
B
使用中
企業を再生するために
重要なのは
まずは短期的な
キャッシュの確保だ
利益とキャッシュの
違いは分かるな？
はい
では、次は
企業価値の
話をしよう
ファイナンスにおける
企業価値とは
資金提供者である
債権者と株主に
とっての価値のことだ
キュキュッ
非事業
資産価値
事業価値
企業価値
債権者
価値
（有利子
負債）
株主価値
何で出来ているか？
誰のものか？

債権者価値のところに有利子負債ってありますがなぜでしょうか？
債権者価値（有利子負債）
我々にとっての有利子負債
つまり借金は債権者の立場からすれば価値があるということだ
さらに企業価値は事業価値と非事業資産価値に分けられる
非事業資産価値
事業価値
非事業資産価値というのは？
事業のキャッシュ増加に直接寄与しないもの
たとえば遊休地・絵画純粋な投資目的のための有価証券などだ
うちにもいろいろとありそうですね
事業価値を高めるためには二つの方向性がある
ひとつはフリーキャッシュフローを高める
たー…
もうひとつは資本コストを下げるということだ

高める
フリーキャッシュフロー
事業価値
資本コスト
下げる
キャッシュフローというのはキャッシュの流れみたいなものですよね
フリーキャッシュフローって違うものなんですか?
いい質問だ
企業は債権者と株主から資金調達して事業活動を行っている事業活動の結果生み出されるキャッシュがフリーキャッシュフローだ
そしてこのフリーキャッシュフローは資金の出し手である債権者と株主に帰属するんだ
債権者
株主
フリーキャッシュフロー
フリーキャッシュフローのフリーとはどういう意味なんでしょうか?
まさか無料ってことじゃないですよね?

フリーというのは資金の提供者が自由に使えるという意味だ
フリーキャッシュフロー
このフリーキャッシュフローから債権者に有利子負債の元本と利息を返済した後は株主が自由に使えるんだ
元本
利息
債権者
株主
じゃあ全部配当に回すこともできるんでしょうか?
株主
もちろんだ
だがそんなことをしたら株主は自分で自分の首を絞めることになる
将来の成長のためのキャッシュを確保しておかないといけないからな
フリーキャッシュフローについて説明しておこう
企業価値を高めるにはフリーキャッシュフローを増やしていく必要があることは理解できたな?

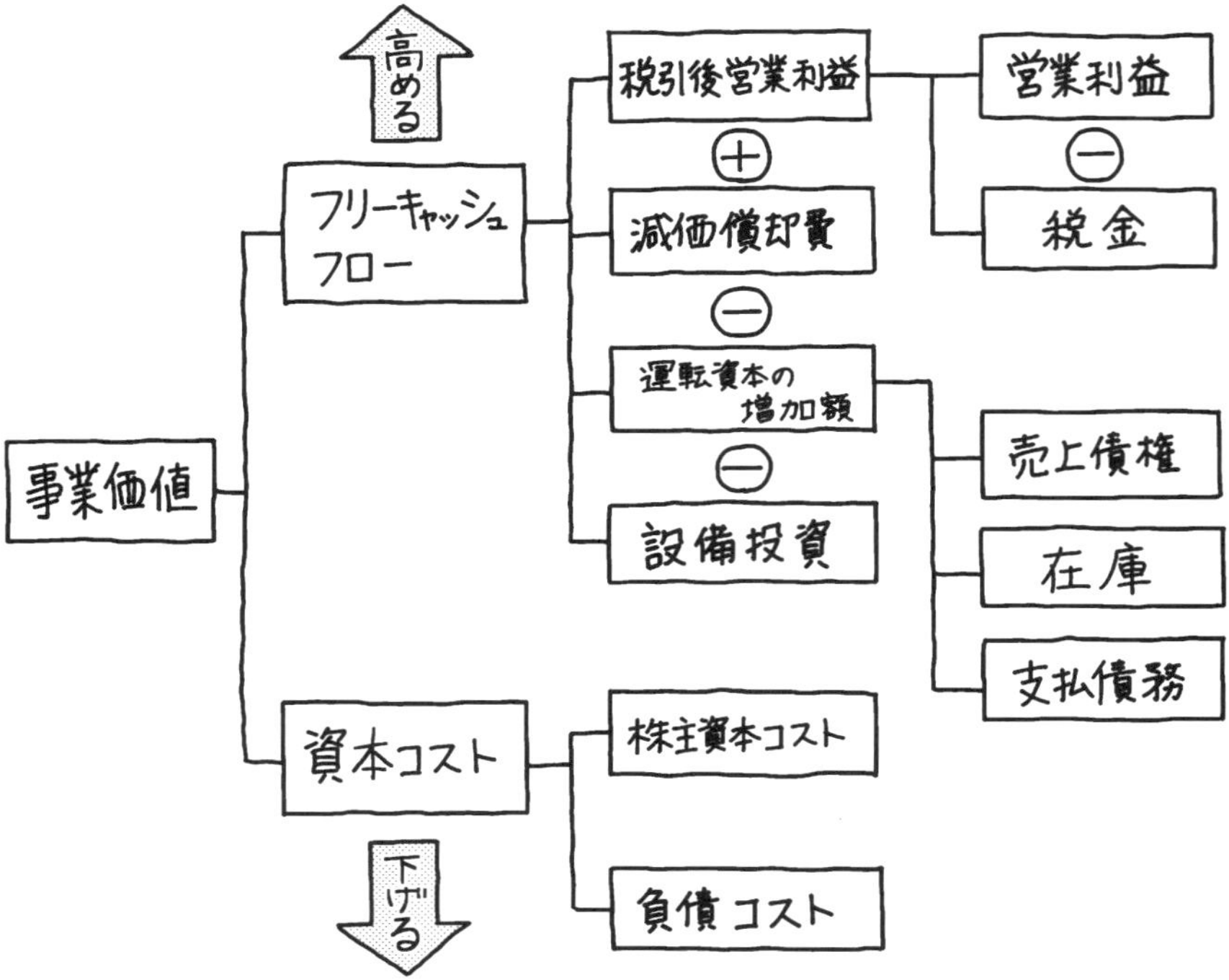
事業価値
フリーキャッシュフロー
高める
資本コスト
下げる
税引後営業利益
＋
減価償却費
ー
運転資本の増加額
ー
設備投資
営業利益
ー
税金
売上債権
在庫
支払債務
株主資本コスト
負債コスト

フリーキャッシュフローは税引後営業利益に減価償却費を足して
税引後営業利益
＋
減価償却費
ー
(運転資本 ＋ 設備投資)
＝
フリーキャッシュフロー
そこから事業継続に必要な運転資本の増加額と設備投資を引いたものだ
その定義の中で減価償却費と運転資本というのがよく分かりません
嵐山 お前本当に何も知らないんだ
す、すみません

たとえば人件費などの費用が会社から支払われたときのことを考えてみよう
人件費
販売費及び一般管理費
その費用は損益計算書の販売費及び一般管理費として計上されるのはわかるな？
はい
じゃあ広告宣伝費や研究開発費はどこに計上される？
NEW ヘアカラー登場!
独自の技術で色ツヤ長持ち
Color
えっと
同じく損益計算書の販売費及び一般管理費じゃないですか？
そうだ
じゃあ設備投資はどうだ？
販売費及び一般管理費ですか？
違う
設備は生産に関することだから売上原価だ
ただし会計ではその機械設備の使用期間を通じて毎年減価償却費として費用計上していくというルールになっているんだ
具体的に説明しよう

単位：万円

減価償却費なし	×1期	×2期	×3期
売上高	3,000	3,000	3,000
設備投資	△ 3,000	0	0
利益（CF）	0	3,000	3,000
減価償却費あり			
売上高	3,000	3,000	3,000
減価償却費	△ 1,000	△ 1,000	△ 1,000
利益	2,000	2,000	2,000
利益からCFを計算			
利益	2,000	2,000	2,000
減価償却費	1,000	1,000	1,000
設備投資	△3,000		
CF	0	3,000	3,000

ある企業が設備を3千万円で買おうとしているとする
3年後に廃棄
¥30,000,000
この設備の耐用年数は3年 つまり3年経ったら使い物にならなくなるので廃棄処分にするとしよう

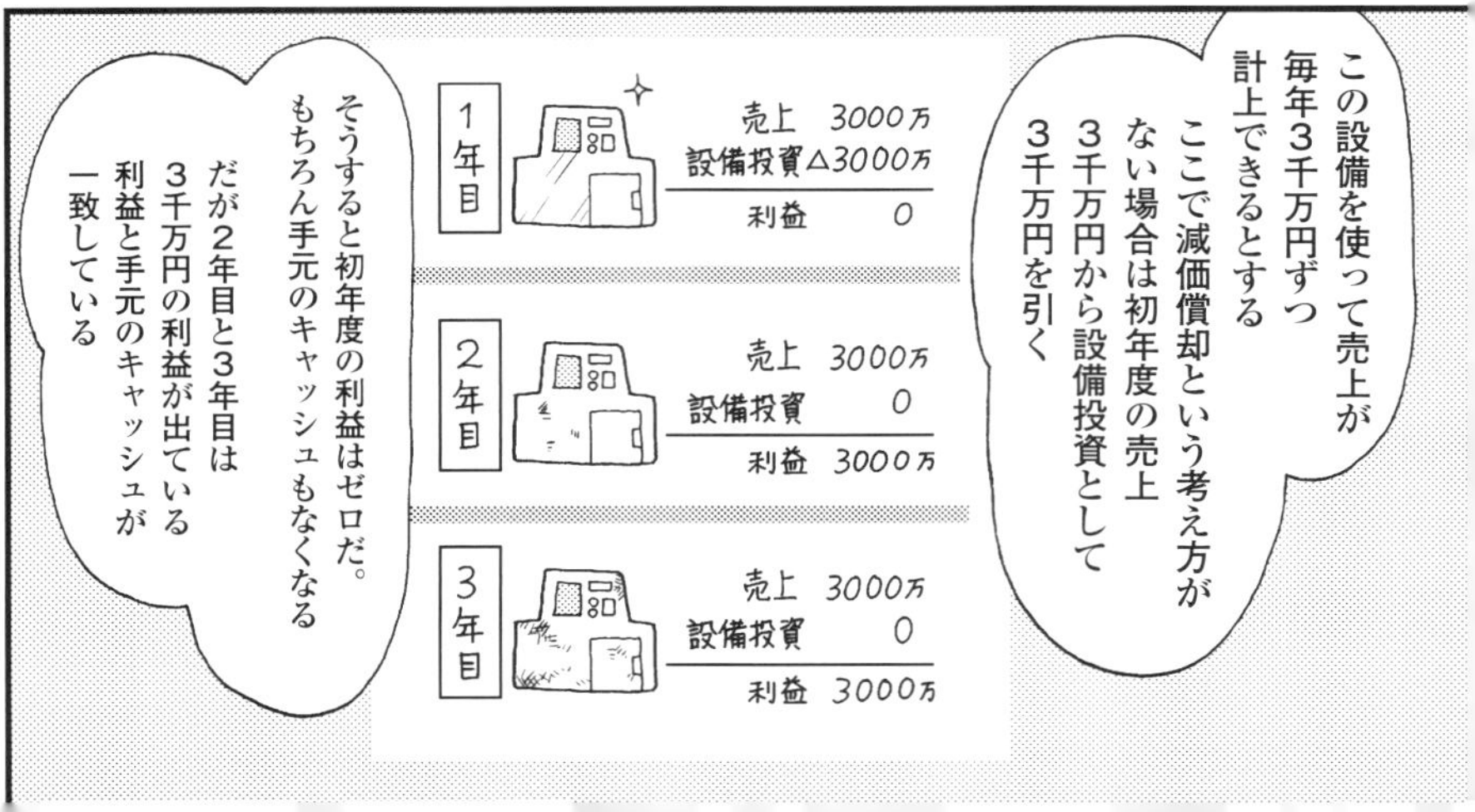
この設備を使って売上が毎年3千万円ずつ計上できるとする
ここで減価償却という考え方がない場合は初年度の売上3千万円から設備投資として3千万円を引く
1年目 売上 3000万 設備投資△3000万 利益 0
2年目 売上 3000万 設備投資 0 利益 3000万
3年目 売上 3000万 設備投資 0 利益 3000万
そうすると初年度の利益はゼロだ。もちろん手元のキャッシュもなくなる
だが2年目と3年目は3千万円の利益が出ている 利益と手元のキャッシュが一致している

設備投資 △ 3.000 0 0
利益(CF) 0 3.000
価償却費あり
売上高 3.000 3.000
減価償却費 △ 1.000 △ 1.000
利益 2.000 2.000
からCFを計算
利益 2.000 2.000
減価償却費 1.000 1.000
設備投資 △3.000
ところが減価償却という会計のルールでは設備が3年使えるのであれば3年にわたって設備の価値の減価として費用を計上すべきということになるんだ
毎年1千万円の減価償却費が計上されると初年度から2千万円の利益を稼ぎ出すことができますが…
初年度には手元のキャッシュはなかったはずですよね
そうだ 減価償却費を導入すると利益とキャッシュの違いが生まれるんだ
利益からキャッシュフローを逆算する場合 減価償却費を足し戻す必要があるんですね
設備投資 △ 3.000
利益(CF) 0
減価償却費あり
売上高 3.000
減価償却費 △ 1.000
利益 2.000
益からCFを計算
利益 2.000
減価償却費 1.000
△3.000
その通り そしてさらに設備投資のキャッシュアウトは損益計算書上のどこにも出てこないから設備投資をマイナスする必要があるんだ
コンッ

運転資本の定義はこうだ
運転資本とは売上債権と在庫から
支払債務を差し引いたものであり
通常は短期借入金で調達する
バランスシートの一部
売上債権
在庫
支払債務
運転資本（短期借入金）
運用サイド
調達サイド
運転資本＝売上債権（売掛金、受取手形）＋在庫－支払債務（買掛金、支払手形）
う〜ん
売上債権や支払債務ってなんだろう?
そうだろうな これらはみなバランスシートにある項目だ
売掛金や受取手形などの売上債権とは決算日時点で売上高に計上されているものの顧客から現金回収できていない債権のことをいう
ツケとくよ
いわゆる掛け売りというもので居酒屋の大将が常連客につけで飲ませるのと一緒だ
居酒屋

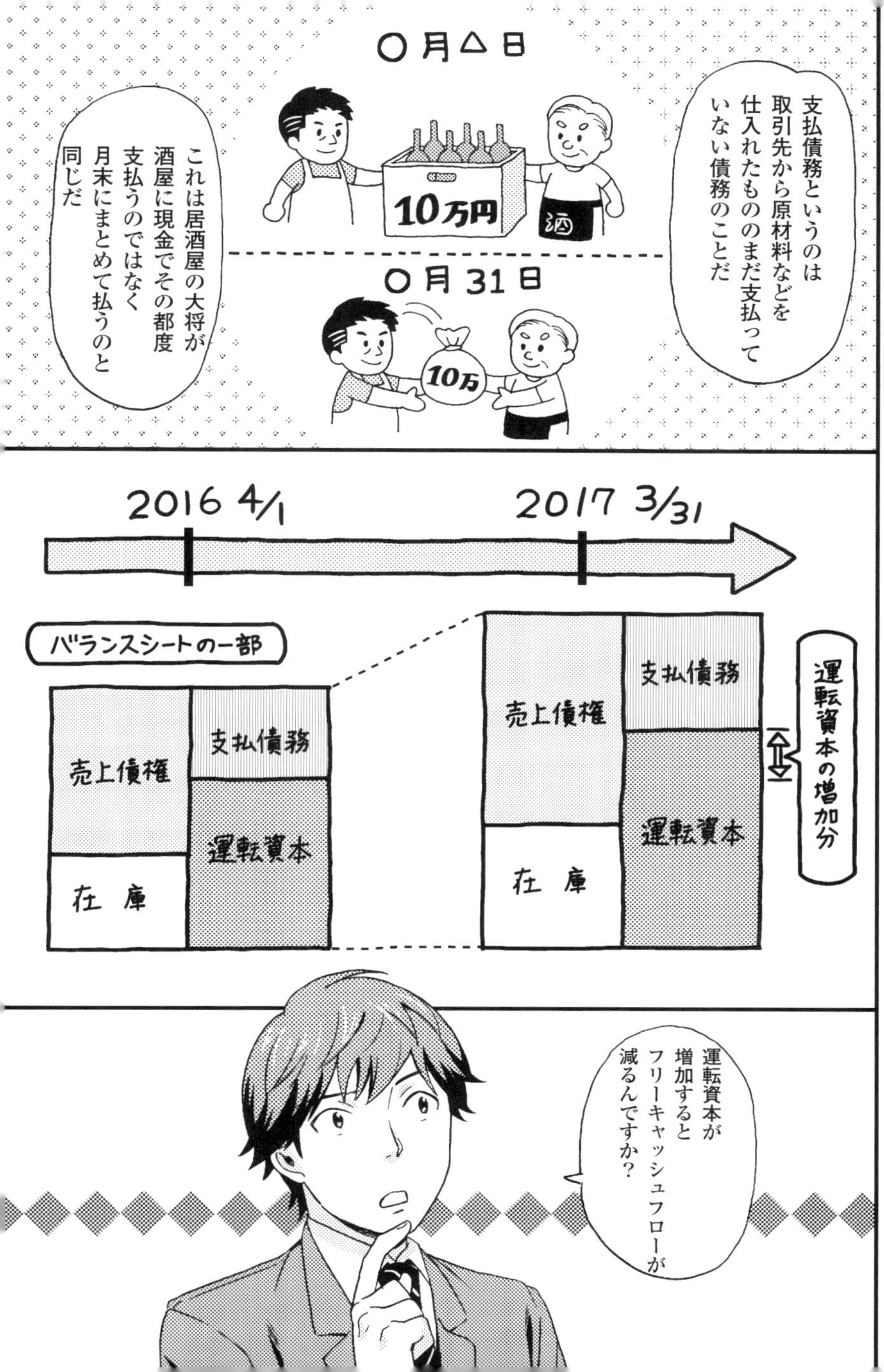

支払債務というのは取引先から原材料などを仕入れたもののまだ支払っていない債務のことだ
○月△日
10万円
酒
○月31日
10万
これは居酒屋の大将が酒屋に現金でその都度支払うのではなく月末にまとめて払うのと同じだ
2016 4/1
2017 3/31
バランスシートの一部
売上債権
支払債務
運転資本
在庫
売上債権
支払債務
運転資本
在庫
運転資本の増加分
運転資本が増加するとフリーキャッシュフローが減るんですか？

なかなか突っ込むな
パナソニックの創業者の松下幸之助氏曰く
資産は金が化けたもの
だそうだ
あっ
売上債権とか在庫というのは資産だから金が化けてるってことですね
¥
受取手形
在庫
そうだ
だから資産サイドにある売上債権と在庫の今期の残高が前期より増加した場合は手元のキャッシュを減らすことになる
反対に調達サイドにある支払債務が減少するということは支払いまでの期間が短くなることを意味する
たとえば今まで材料を仕入れてから1カ月後に支払っていたのを現金で今すぐ支払えって言われたらどうする？
今すぐ!
¥

支払債務はなくなるんでしょうけど資金繰りが厳しくなると思います
支払債務が軽くなったぞ！
債務
…と思ったら
キャッシュも軽くなっちゃった…
¥
債務
だろう
支払債務が減少するということは手元のキャッシュが減ることになる
では資本コストとは？
資本コストは今の段階では企業の資金調達コストだと思っておいてもらえれば十分だ
カタ
俺の講義はひとまずここまでだ
あとは君たちでフリーキャッシュフローを増やすアクションを考え出してほしい
カツ
ヤツ
ガチャ
とっかかりとしては損益計算書（ＰＬ）から考えて次にバランスシート（ＢＳ）からもアプローチしてみてくれ
頼むぞ

バタ…ン
嵐山　お前がリーダーなんだからここからはリードしろよ
営業利益を増やすにはどうしたらいいんだろう?
そりゃ売上を増やすってことでしょう
売ったことがない奴が簡単に言うんじゃねえよ!どうやって増やすんだよ!
ちょっと!
……
社長室

ミスター陣内
1週間だと!?
何を寝ぼけたことを
言っているんだ
時間がかかりすぎだ!
そうは
言われましても…
一日一日キャッシュが
燃えてなくなって
いるんだぞ!
言い訳は無用だ
3日やるから具体的な
方向性を早く見せろ!
3日か…
大体、今日明日で
なんとかなる
問題じゃないだろ
俺から言わせれば
開発や製造の連中が
売れない製品ばかり
作ってるからこんなことに
なるんだよ

お客様のニーズをくみ取ってきて私たちにフィードバックするのも村上さんたち営業の仕事でしょう
売上しか頭にないからこんなことに…
ガタッ
製造が知ったような口を利くな!
うっとうしい奴だな!
ゼンテックがヤバイ状況なのに内輪もめしている場合ですか?
ガタッ
とりあえず落ち着いて
支払債務
運転資本（短期借入金）
問題点をひとつずつ挙げていってみては…
ガターン
それだ!!
ビクッ
!?

そう
ひとつずつよ！
ひとつずつ要素に分解していくのよ
分析って分けることって教わったことがあるわ
結衣ちゃん
どういうこと？
たとえば売上を増やすって言ってもなかなかアクションに結びつかないじゃない
価格×数量＝売上
価格
売上
売上って要素に分解すると価格×数量でしょ？
価格を上げるアクションは何か？
価格を上げるには
数量を増やすには
分解
問題発生！
数量を増やすアクションは何か？
ってなるともっと議論しやすくなるでしょう？
価格を上げるだと!?
ガチャ
どうしたんだ
何かあったのか？
外まで聞こえているぞ
！
陣内部長！

あ、すいません
大丈夫です
陣内部長こそ戻ってきて
どうしたのですか？
それが… 今社長と話して
きたんだが…
3日後に社長に
方針を示さなきゃ
ならなくなった
!?
俺はこれから
取引銀行や機関投資家を回って
状況を説明しに行かなきゃならない
あとはみんなに任せたぞ
キイ…
バタン

…そんな
や…やるしかないでしょ！
もうやるしかないんです
不満を言っている場合じゃないんですよ！
…分かったよ
それどころじゃないんだからな
チッ
それじゃあ頭を冷やして…さっきの続きだ
ガタッ
営業利益を増やすには売上を増やすのはもちろんコストを下げるってことも大事だよな
損益計算書を見るとコストは売上原価と販売費及び一般管理費に分けられる売上原価を分けると何になるんだっけ？

材料費とか部品費、労務費そしてその他経費に分かれます
ってことはそれらを減らすアクションを考えなきゃな
販売費及び一般管理費を分けると…… えっと
うちの会社の損益計算書を見てみよう
パラッ
これが陣内部長の言う損益計算書アプローチですか
じゃあバランスシートアプローチってなんだろう
設備投資と運転資本のことじゃないかな
あれ？ 設備投資を減らせばフリーキャッシュフローは増えるなぁ
そんなことしたらダメだよ
投資をケチれば足元のフリーキャッシュフローは増えるかもしれないけど将来のフリーキャッシュフローは増えなくなるよ

ナルホド
さすが田端！
じゃあ必要な投資とそうじゃないものをどう判断すればいいかな
う～～ん……
う～ん
急に言われても…
くるっ
ん－…
あとで戻ってきましょう
ぺた
課題
投資について
残りは運転資本だな
運転資本を減らすにはどうしたらいいだろう
売上債権と在庫を減らすこと
支払債務を増やせば運転資本は減るわね
具体的にはどういうことだ？
バランスシートの一部
支払債務
売上債権
調達サイド
運用サイド
運転資本（短期借入金）
在庫
決算時点に残っている売上債権と在庫を減らすってことは
ひとつに顧客からの現金回収の期間を短くしたり在庫水準を減らしたりすることだと思います
キュキュッ

じゃあ支払債務は？
これを増やすってことは仕入先への支払いを延ばすってこと？
ピラッ
支払債務
購買の立場からすればそれは現実的じゃないかもしれません
なんか購買部門の代表みたいになってんな！
いえ　そんなつもりじゃなかったんです
仕入先への支払いを先に延ばせば確かにフリーキャッシュフローが増えてうちの資金繰りは楽になるかもしれません
ただ…
ただ？
仕入先の立場は逆でうちから出来るだけお金を早く受け取りたいの
じゃあ購買は支払いを出来るだけ早くしてやる代わりにその分値引きしろって言っているってこと？
はい
価格
高
安
支払期間
短
長

ガタ
購買はコスト削減の目標が与えられているからなぁ
結果的に会社の資金繰りが厳しくなっていることには無関心なんだよね
ここはコスト削減とのバランスなんだな
あとで議論しよう
キュキュッ
損益計算書(PL)アプローチで言えば売上高を増やすアクション
これには数量・価格を増やすアクションが考えられる
売上高　増
数量、価格を増やすアクション
コスト削減面
売上原価　減
材料費、部品費
労務費、その他経費
減らすアクション
コスト削減では売上原価を減らすアクション
これはさらに材料費・部品費・労務費その他経費を減らしていくアクションを考えていく必要がある
あ!!
ビクッ
ど、どうした!?

税金を忘れてない?
うっかり…
税率を下げるためのアクションも大事だわね
そうか
これは経理部の税務チームに聞いてみる
ごめんよろしくネ
BSアプローチでは設備投資を減らすというのはちょっと置いといて
運転資本を減らすというアクション
つまり売上債権、在庫を減らすアクションを考えていく必要があるってことでいいかな
よし!それじゃあ早速ひとつずつ案を出していこう!
今日中には帰れそうにないね
ゼンテック復活のためなんだからがんばろう!

解説

企業価値は、事業価値と非事業資産価値に分かれる

■企業価値とは何か

企業価値とは誰にとっての価値を指すのでしょうか。それは、資金提供者（債権者と株主）にとっての価値を指します。つまり、**企業価値は債権者価値（有利子負債）と株主価値に分かれる**ことになります。企業にとっての有利子負債が債権者価値といえるのは、銀行などの債権者の立場から言えば、有利子負債は貸付金であり、バランスシートの資産サイドに計上されている価値のあるものだからです。

また、企業価値は、**事業価値**と**非事業資産価値**に分けられます。事業価値とは、企業が将来生み出すフリーキャッシュフローの現在価値の合計です。非事業資産とは、遊休地や投資目的の有価証券などの事業とは直接関係のない資産をいいます。

現在価値を算定する際に適用する割引率は、企業の資金調達コストである**資本コスト（WACC：Weighted Average Cost of Capital）**です。資本コストとは、資金の出し手である投資家（債権者と株主）の要求収益率です。ここでも、割引率と要求収益率は表裏

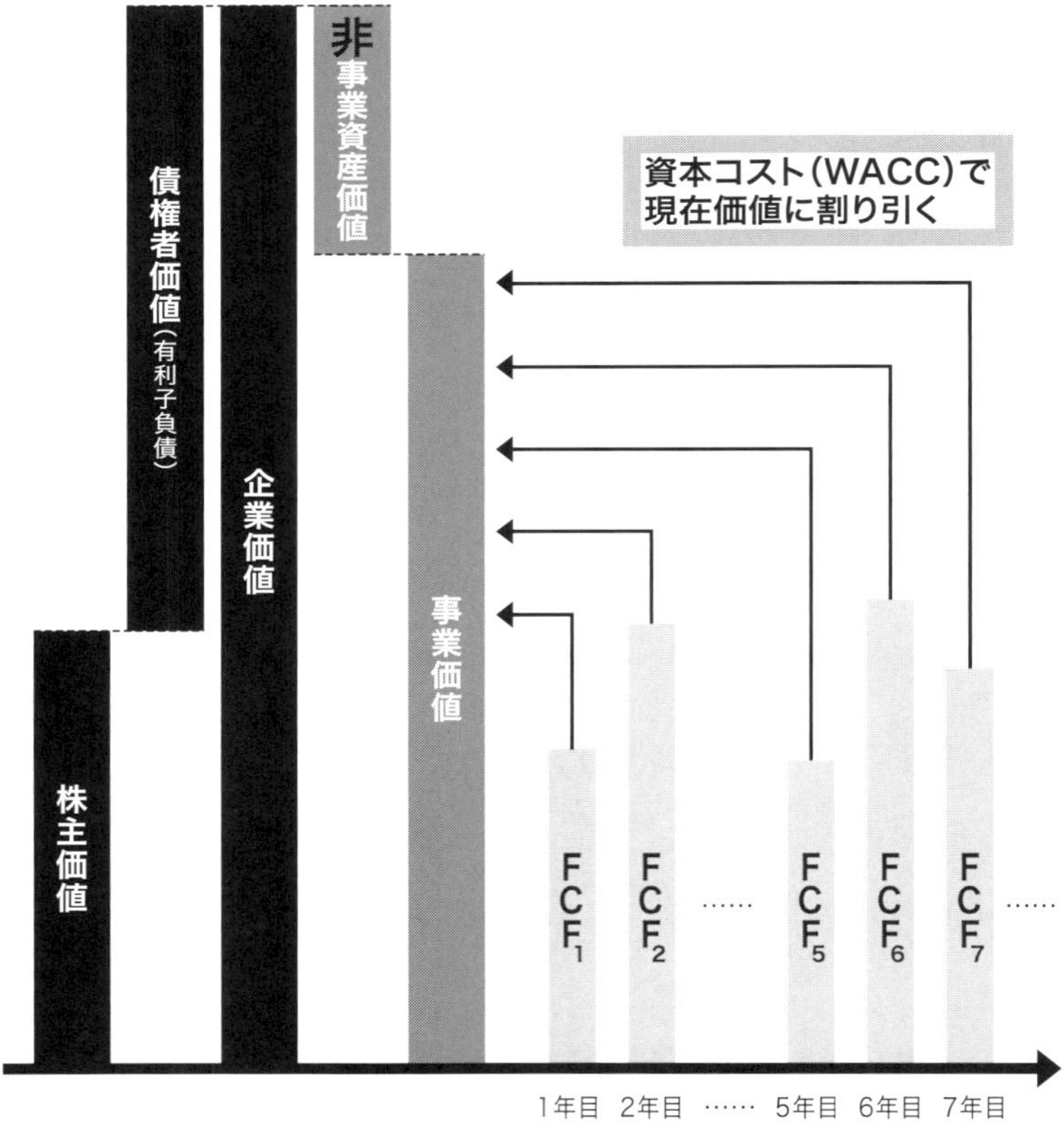

【図表８】 企業価値を構成するもの

一体の関係にあるということが言えます（WACCについては第6章でも説明します）。事業価値を高めるためには、フリーキャッシュフロー（FCF）を増やすこと、割引率である資本コストを下げる必要があります。資本コストをさげる具体的なアクションについては、第4章でご説明します。

■フリーキャッシュフローとは何か

ここでフリーキャッシュフローについて確認しておきます。簡便的に求めるフリーキャッシュフローは、キャッシュフロー計算書にある「営業活動によるキャッシュフロー」と「投資活動によるキャッシュフロー」の合計でした。

しかし、事業価値を算定する際に用いるフリーキャッシュフローは、定義が異なります。

フリーキャッシュフローの「フリー」は「**資金提供者（債権者と株主）が自由に使えるキャッシュ**」という意味です。フリーキャッシュフローは、次のように定義します。

フリーキャッシュフロー＝営業利益－税金＋減価償却費－設備投資－運転資本の増加額

まずは、本業の儲ける力をあらわす営業利益からスタートします。

そこから、税金をマイナスすることになります。税引後営業利益は、あくまでも「利益」であって「キャッシュ」ではありませんから、ここから二つの調整を行ってキャッシュベースにする必要があります。

そのための一つ目のポイントは、減価償却費と設備投資です。

減価償却費とは、設備投資を行った際、その設備が使える期間（耐用年数といいます）に割り振った費用のことをいいます。

したがって、その期だけを考えると、費用として計上されていても、実際にはキャッシュとして支払うわけではありません。営業利益を算出する際には、すでに費用としてマイナスされていますから足し戻し、そのうえで、実際にキャッシュを支払ったタイミングで投資金額をマイナスすることで、利益とキャッシュの違いをなくします。

ちょっと難しいですよね。本編の例（78ページ）で具体的にご説明しましょう。

ある企業が設備を３０００万円で購入するというケースでした。

設備の耐用年数は３年です。この設備を３年間使用することで、売上が毎年３０００万円ずつ獲得できました。ここで、減価償却費という考え方がない場合は、初年度の売上3000万円から設備投資費として3000万円をマイナスするので、利益はゼロになります。そして、2年目と3年目は3000万円の利益ができます。この場合は、利益と手元の現金がぴったり合っています。

ところが、ここで税務署の登場です。「あなたのところは3年間同じ設備をつかって、同じ事業をやって、売上高が3年間同じなのに、なぜこんなに利益がブレるんですか」ということを言い始めるわけです。

税務署の本音は、「1年目から利益が出ないと税金がとれないじゃないか」ということです。そこで、「機械設備は資産としてバランスシートに計上し、機械設備を使用すれば、その分価値が減少するとして使用期間にわたって減価償却費として計上する」というルールが出てきたわけです。

こうして、企業は毎年1000万円ずつ減価償却費として計上するようになりました。その結果、毎年利益は2000万円と平準化でき、税務署はめでたく（?）1年目から税金を取ることができるのです。

一方で、この減価償却費というルールが導入されたことから、利益と手元の現金が合わなくなってしまいました。

そこで、利益からキャッシュフロー（手元のお金）に変換するための調整作業が必要になります。営業利益は減価償却費1000万円分少なくなっているわけですから、営業利益に減価償却費1000万円を足し戻します。

そして、ここから初年度の機械設備代金3000万円をマイナスします。これで、減価償却というルールがなかった場合と同じになり、手元のお金と一致しました。

このように、キャッシュベースで考えるためには、営業利益に減価償却費と設備投資の調整をする必要があるのです。

■運転資本を定義する

フリーキャッシュフローの計算式でもう一つ注意したいのは、運転資本の増加分をマイナスする点です。企業活動というのは、例えば製造業の場合、仕入れた原材料を加工して製品を生産、販売し、キャッシュを手に入れるまでのプロセスを回していくことと言えます。

例えば、車を例にとってみましょう。車をつくるためには、まず鉄などの原材料を仕入れます。仕入れてから代金を支払うまで、代金は「**支払債務**」としてバランスシートに計上されています。

一方で、原材料、仕掛品（半製品）、完成した車は販売されるまで「**在庫（棚卸資産）**」としてバランスシートに計上されます。さて、販売店に並んでいる車が売れました。お客様と契約書を取り交わし、納車しました。これで車を一台売り上げたことになります。ただし、お客様から代金をいただくまでは「**売上債権**」となります。

次ページの図表9にある通り、原材料を仕入れてから車が出来上がるまでに時間（仕入から完成）がかかります。

また、納車してからお客様から代金をいただくまでにも時間（販売から回収）がかかります。たとえ、掛けで仕入れていたとしても、仕入代金の支払が先で代金回収があとになることが多いわけです。この資金の回収と支払のタイムラグを埋めるためのキャッシュが**運転資本**です。この運転資本は増えたり、減ったりしますが、増える場合は新たにキャッシュが必要となります。

ですから、フリーキャッシュフローを求める際には、この運転資本の増加額（=新たに必要になったお金）をマイナスする必要があるのです。

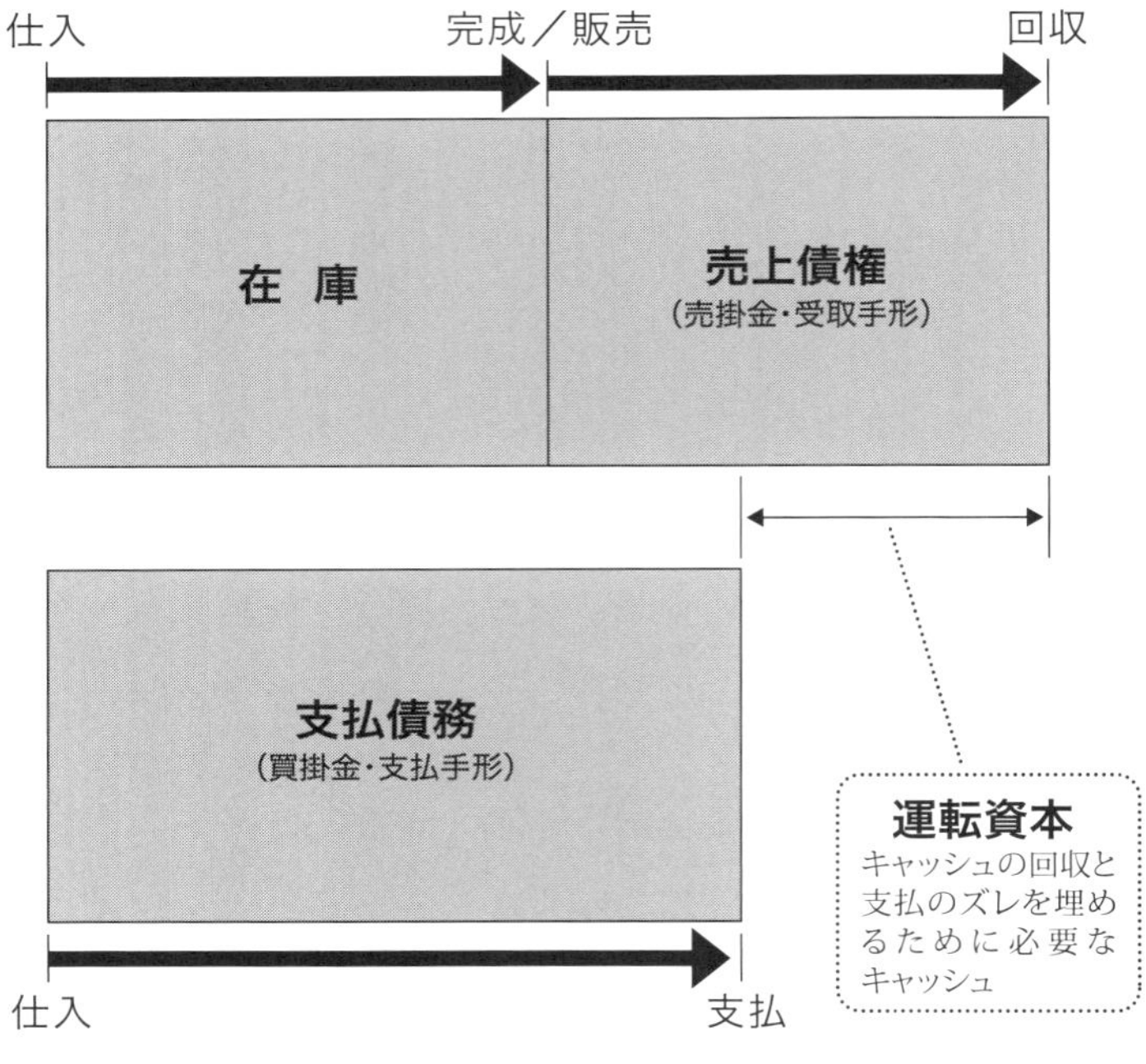

【図表９】　運転資本とは何か

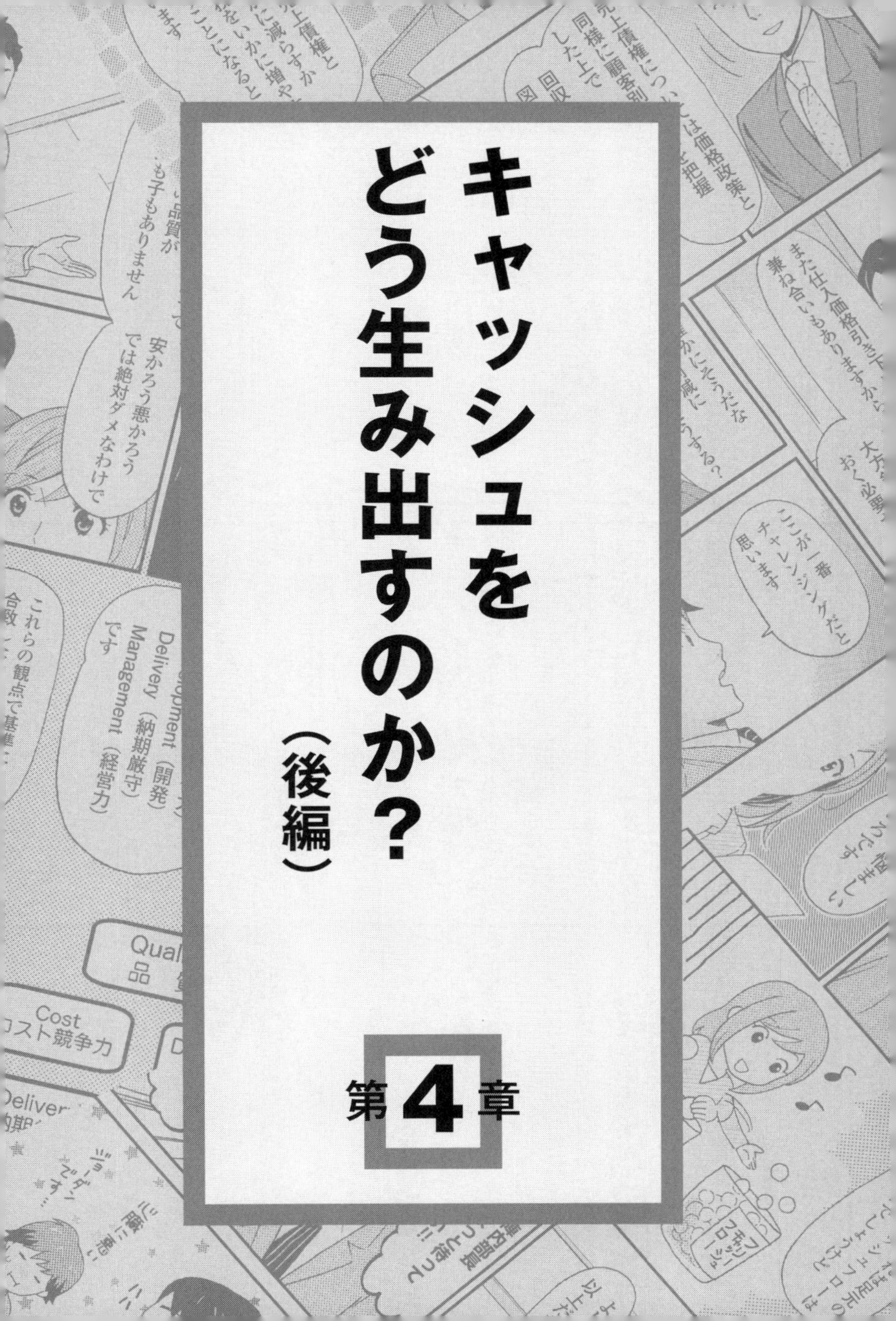

第4章

キャッシュをどう生み出すのか？（後編）

チュン
チュン…
株式会社
ゼンテック
おはよう！
ガチャッ
ビクッ
おっ
おはようございます！
えーっと…
ぐー…
ぐー…
とは言っても君たちは
あまり寝てない
みたいだな
工藤はどうした？
シャワーを浴びに始発で
一旦家に帰りました
電車が遅れていて10分程
遅刻すると携帯に連絡が
ありました
わかった

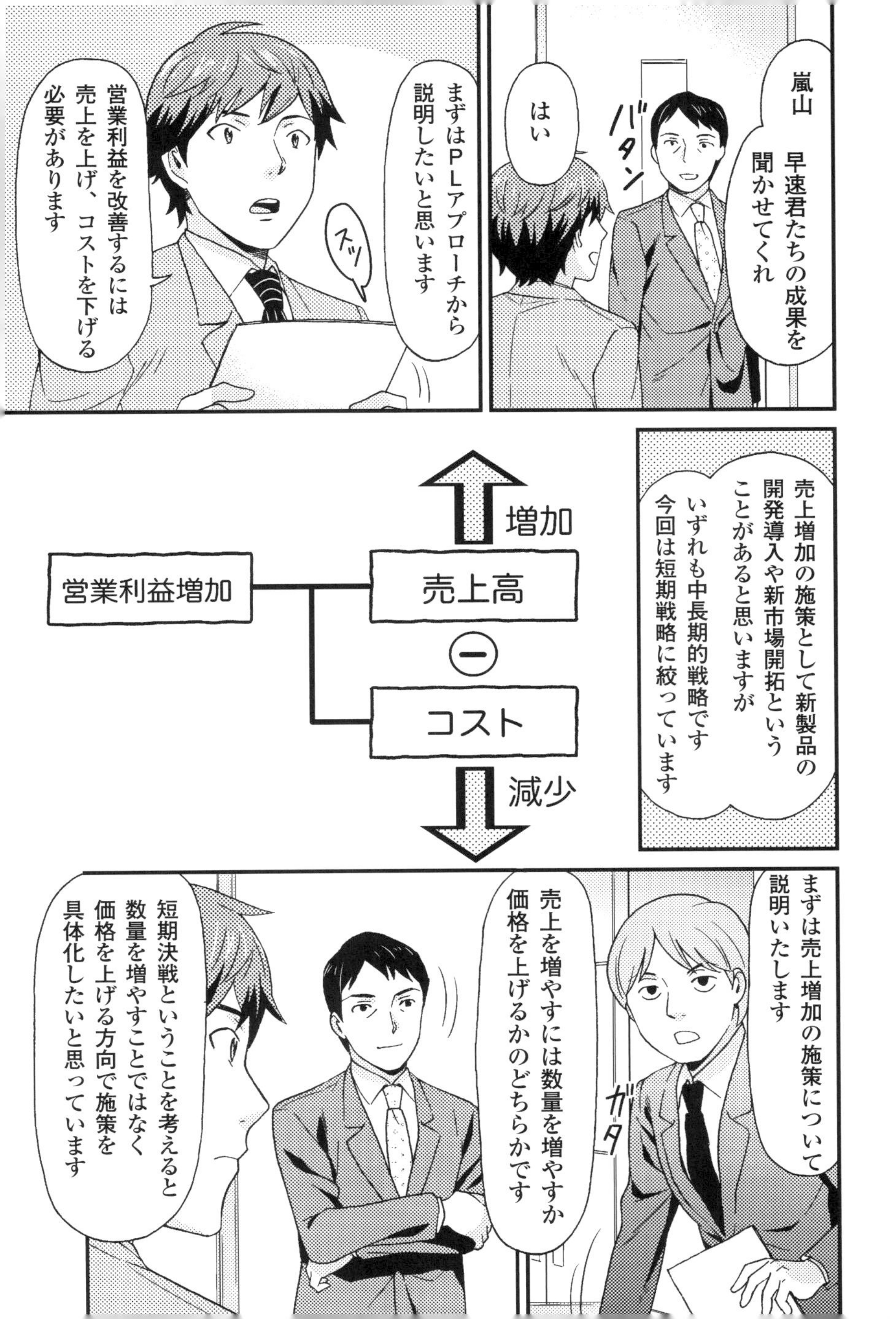
嵐山
早速君たちの成果を聞かせてくれ
バタン
はい
スッ
まずはPLアプローチから説明したいと思います
営業利益を改善するには売上を上げ、コストを下げる必要があります
売上増加の施策として新製品の開発導入や新市場開拓ということがあると思いますが
いずれも中長期的戦略です
今回は短期戦略に絞っています
営業利益増加
売上高
増加
ー
コスト
減少
まずは売上増加の施策について説明いたします
ガタ
売上を増やすには数量を増やすか価格を上げるかのどちらかです
短期決戦ということを考えると数量を増やすことではなく価格を上げる方向で施策を具体化したいと思っています

村上
今の段階で価格を上げる策はあるのか？
私が日頃やっていることを全社展開するってことですかね
実はうちの営業の人間のほとんどは顧客の成長性とか取引規模とか回収リスクとか考えずに値引きを乱発して販促費などをばらまいて売上をつくっています
WEB広告をじゃんじゃん出そう！
豪華なパンフレットをどんどん作ろう！
まとめ買いでさらに割引！
10% OFF
小規模な取引先や回収リスクがあるような取引先には安易な値引きをしないってだけで価格は改善できるんじゃないかと思います
この3日間嵐山からなぜ俺が営業トップなのかってことを根掘り葉掘り聞かれまして
自分では当たり前のことがどうやら他の人には当たり前じゃないらしいってことに気がついたんです
他にもいろんな製品との抱き合わせ販売なんて普通にやっていると思っていたんですけど
他の営業部員はどうやらそうでもなさそうですね

すみません！
遅くなりました
ガチャッ
あ
結衣ちゃん
ごめん、続けて
次に
コスト削減です
おはようございます
コストは大きく分けて
売上原価、つまり製造コストの
削減と販売費及び一般管理費の
削減があります
まずは製造コストの削減です
製造コストは大きく分けて
原材料・部品、労務費
その他経費に分けられます
ガタッ
労務費は人件費と一緒に
議論させていただくとして…
ここでは原材料と
部品の調達コストの
削減について説明します
労務費と人件費の
削減については社長と
私で策定している
ところだ

調達コストの削減を徹底的に行うとなると社内のタブーや抵抗勢力が強かったりする
どのような方向性でやっていくつもりだ？
コストを削減することによって原材料や部品の品質が落ちては元も子もありません
安かろう悪かろうでは絶対ダメなわけで
QCDDMの観点でサプライヤーを評価して基準に合致したサプライヤーを選定したいと思っています
QCDDMを説明してくれ
はい
Quality（品質）Cost（コスト競争力）Development（開発力）Delivery（納期厳守）Management（経営力）です
これらの観点で基準に合致したサプライヤーを戦略サプライヤーとします
その上で各社のコスト構造をよく見極めた上でどこまで値下げ交渉するかを決めていきたいと思います
既存のサプライヤーに対する値下げ交渉だけでは限界があるな
Quality 品質
Cost コスト競争力
Development 開発力
Delivery 納期厳守
Management 経営力

やはり部品の共通化やモジュール化を同時並行でやっていかなくてはいけないと思います
高品質の部材の調達コストについてはいいが
汎用性のある資材についてはどう考える？
従来のような国内だけでなく
海外まで調達先を広げて競争入札を実施してはどうかと思います
当社は今までしがらみもあって長年の下請け会社や関連会社となれ合いの関係でやってきました
これらの会社と決別できるかが勝負の分かれ道になると思います
では販管費の削減については工藤さんに話をしてもらいます
ガタ
はい　販管費をまずカテゴリーに分けてみました
販管費
研究開発関連
広告宣伝
販促費関連
物流関連
一般総務関連
システム IT関連
研究開発関連、広告宣伝、販促費関連、物流関連、一般総務関連、システム・IT関連です

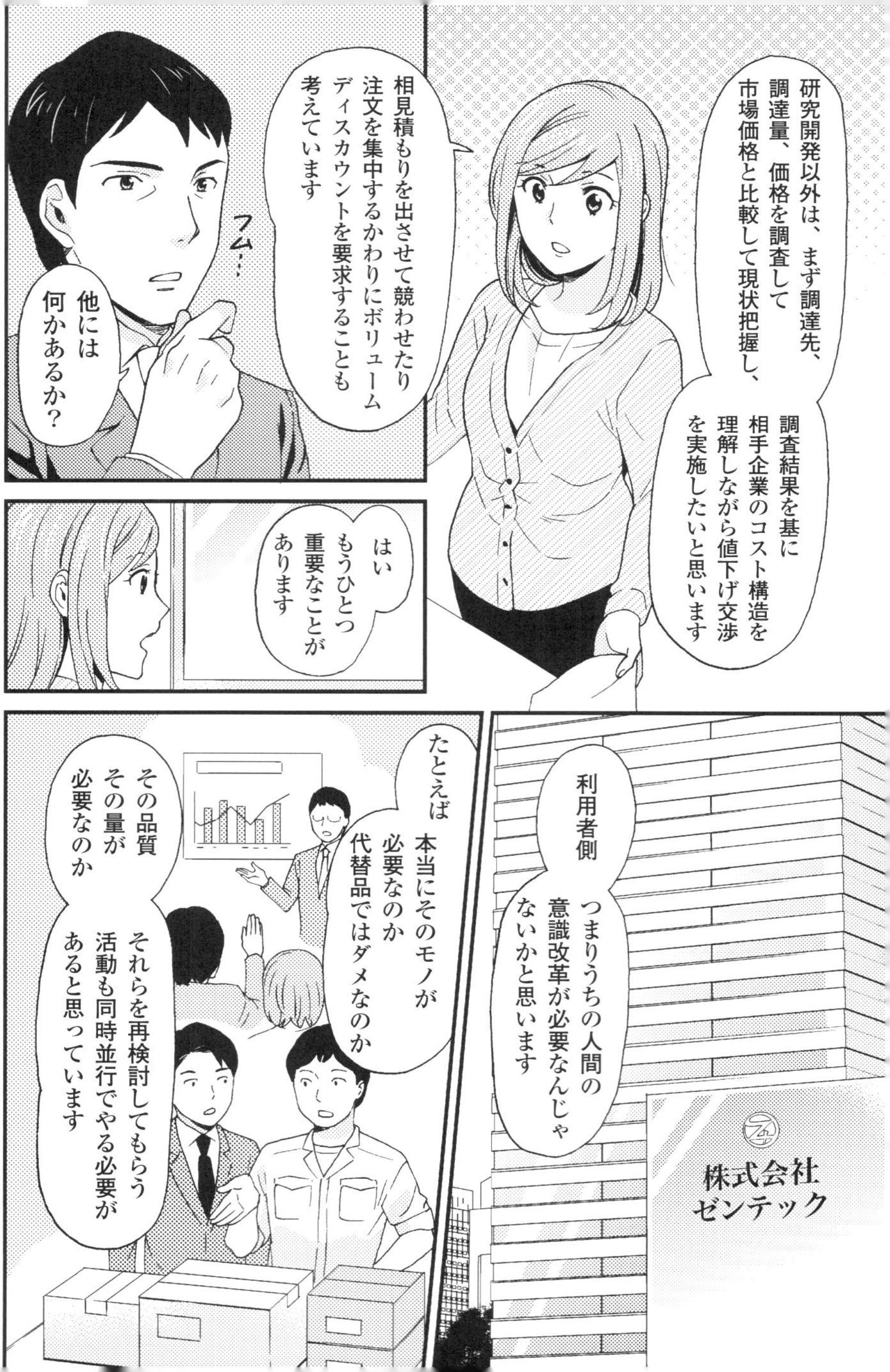
研究開発以外は、まず調達先、調達量、価格を調査して市場価格と比較して現状把握し、
調査結果を基に相手企業のコスト構造を理解しながら値下げ交渉を実施したいと思います
相見積もりを出させて競わせたり注文を集中するかわりにボリュームディスカウントを要求することも考えています
フム…
他には何かあるか?
はいもうひとつ重要なことがあります
利用者側　つまりうちの人間の意識改革が必要なんじゃないかと思います
株式会社ゼンテック
たとえば　本当にそのモノが必要なのか代替品ではダメなのか
その品質その量が必要なのか
それらを再検討してもらう活動も同時並行でやる必要があると思っています

なかなかいいぞ
研究開発はどうする？
ここが悩ましいところです
研究開発を削れば足元のフリーキャッシュフローは増えるんでしょうけど
フリーキャッシュフロー
研究開発費
将来のフリーキャッシュフロー
カラッ…
将来のフリーキャッシュフローを犠牲にしてしまう可能性がありますよね
その通りだ
現状の研究開発の状況がどうなっているのか把握する必要があるな
よし…これで以上だな
陣内部長ちょっと待ってください!!
私がまだ発表していませんよ
冗談だよ
よしじゃあ発表してくれ
ハハ
心臓に悪い
ジョーダンです…

えっと 私が発表するのは BSアプローチです まずは運転資本の 削減です
具体的には売上債権と 在庫をいかに減らすか 支払債務をいかに増やすか ということになると 思います
そうだな
売上債権については価格政策と 同様に顧客別に現状を把握 した上で 回収サイトの短縮化を 図りたいと思います
顧客リスト
支払債務については 単に支払いを伸ばして くれでは仕入先は納得 しないと思います
また仕入価格引き下げとの 兼ね合いもありますから
ここは何を優先するかの 大方針をあらかじめ決めて おく必要があると思います
確かにそうだな 在庫削減に ついてはどうする？
ここが一番 チャレンジングだと 思います

なぜだ？
どの部門も在庫を減らすメリットがなさそうだからです
具体的には？
購買部門はまとめて買えば値引きや発注費が削減できると考えていて、結果的に在庫を増やしてしまうことになっています
生産現場では生産ラインをストップさせないように余剰在庫を置いておきたがります
タイプAの商品は残ってる？
はい！全タイプ常備しております
営業部は販売機会を失いたくないので倉庫に多めに製品を置いておこうとする
一方物流部門では保管費用を削減したいんで在庫を持ちたがらない
部門間で十分にコミュニケーションが取れてないことも在庫増加の原因になっていると思います

在庫といっても原材料、仕掛品(半製品)、完成品とあるな
材料A
原材料
完成品
仕掛品(半製品)
仕掛品や完成品と原材料在庫とでは管理ポリシーを変える必要があるかもな
どういうことでしょうか?
たとえば原材料の調達は相手があることだ
必要な時に必要なものが手に入らない可能性も考えなくてはいけないってことだ
今すぐ材料Aが必要なんです
急に言われても…
材料Aは輸入品だから数日かかりますよ
在庫削減を無理に推し進めようとすれば、発注回数が増えるだろう?
在庫がなくなった…
在庫をおきたくないので少なめに発注しよう
少
少なめに発注したからまた在庫がなくなった
もう一度少なめに発注
また?…
値引きに応じてもらえないかもしれない
このあたりは購買部長と話してみる必要があるな

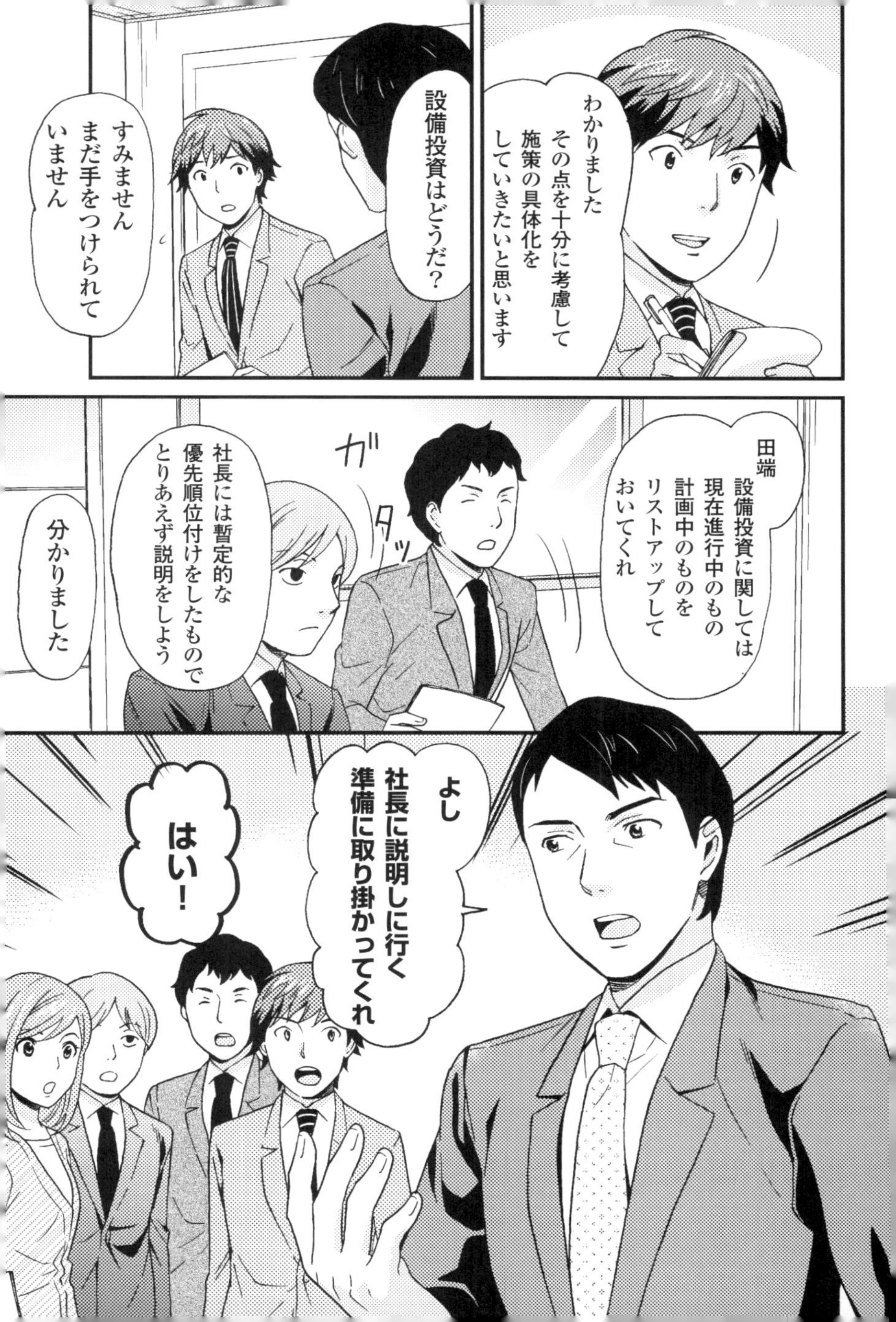
わかりました その点を十分に考慮して 施策の具体化を していきたいと思います
設備投資はどうだ?
すみません まだ手をつけられて いません
田端 設備投資に関しては 現在進行中のもの 計画中のものを リストアップして おいてくれ
ガタッ
社長には暫定的な 優先順位付けをしたもので とりあえず説明をしよう
分かりました
よし 社長に説明しに行く 準備に取り掛かってくれ
はい!

キャッシュを生み出す方法

■営業利益を増やす

PLアプローチとは、売上高を増やす、あるいはコストを削減して利益を増やすアプローチのことです。当たり前のことですが、営業利益を増やすためには、売上高を増やし、コストを削減する必要があります。

まずは、売上高を増やすことを考えてみましょう。

売上高を増やすには、これまた当たり前ですが、販売数量を増やすか、価格を上げるかのどちらかです。

往々にして営業部門は、価格を引き下げて販売数量増加をねらう施策をとろうとします。ところが、これが命とりになります。なぜなら、売上高は増えたとしても、利益は大幅に減少することが多いからです。

ここで、具体的な数値を使って、価格が売上総利益に与えるインパクトを見てみましょう。119ページの図表10をご覧ください。

現在の製品の価格が1000円、製品1個当たりの材料費が750円だとします。マージンは250円です。販売数量が100個だとすると、売上高は、10万円（＝1,000円×100個）、売上原価は7万5000円（＝750円×100個）、売上総利益は2万5000円となります。

仮に販売価格を3％あげて1030円にすることが出来るとしましょう（ケースⒶ）。この場合、販売数量が10％ダウンして90個になったとしても、売上総利益は2万5200円と現状よりも増益となります。

それでは、営業部門がこんなことを言ってきたとします。「15％値引きを認めてくれれば、販売数量120個（現状比20％増）にしてみせます」

実際にシミュレーションしてみると、確かに売上高は10万2000円と現状よりも増加しています（ケースⒷ）。ところが、売上総利益は1万2000円と、半減していることがわかります。それでは、15％値引きで現状の売上総利益2万5000円を維持するには、一体どれくらいの販売数量が必要なのでしょうか。なんと、250個と現状の2・5倍もの販売数量を上げることが出来て初めて、現状の売上総利益2万5000円を確保できることがわかります（ケースⒸ）。

このように売上高は2倍以上もあげているのに売上総利益は同じという現実をみると、いかに価格引き下げの利益に与える影響が大きいかが、お分かりになるはずです。

売上高を増やすためには、販売数量を増やすことより、どう価格を上げられるかを考える方が効果的に利益を増加することができるといえます。

このようにある変数を変化させて、結果（ここでは売上総利益）がどのように変化するかをみることを**感度分析**といいます。感度分析を行うことによって将来の損益をシミュレーションすることが可能になります。


それでは、販売数量への影響を最小限にして販売価格を上げることなど出来るのでしょうか。ポイントは、顧客毎に価格政策を策定するということです。まさに「パレートの法則」が大事です。「パレートの法則」とは「80：20の法則」とも言われます。

例えば、顧客を利益の大きい順に並べると、顧客の上位20％が利益総額の80％を占める傾向にあるというものです。

自社にとって大切な20％の顧客に対しては、さらに関係性を深めるための活動を行い、その他の顧客に対しては、値引きを止める、訪問回数を減らすなどサービスレベルを下げるなど、メリハリをつけた営業活動を行うわけです。

シナリオ		現 状	ケース Ⓐ	ケース Ⓑ	ケース Ⓒ
販売価格（円）	①	1,000	1,030	850	850
価格増加率			+3%	△15%	△15%
材料費（円）	②	750	750	750	750
マージン（円）	①－②	250	280	100	100
数　量（個）	③	100	90	120	250

２倍以上

売 上 高（円）	①×③＝④	100,000	92,700	102,000	212,500
売上原価（円）	②×③＝⑤	75,000	67,500	90,000	187,500
売上総利益（円）	④－⑤	25,000	25,200	12,000	25,000

同じ

【図表10】 販売価格のシミュレーション

そのためには、顧客に対してまずは、売上高、売上総利益、信用格付に見合った価格設定が出来ているかの現状把握が大事になります。

また、本編で村上が提案しているように複数の商品を抱き合わせることで価格を維持したり、販売数量を増やす方法があります。

一方で、パッケージで販売されていたものをバラバラにし、それぞれに価格をつけることで、全体として価格をあげ、売上を増やす方法もあります。

■コスト削減の二つの方法

企業が外部から調達している原材料や部品、そしてサービスの対価として支払っているコストは馬鹿になりません。この調達コストの削減は、短期的にキャッシュを生み出すのに有効です。

私がかつて勤務していた日産自動車でも、リバイバルプランの最大の目玉のうちの一つは、グローバル購買、生産、販売・一般管理費の三つの分野で1兆円のコスト削減を目指すというものでした。

コスト削減の方法には、サプライヤーマネジメント（仕入先に対してどのような施策をとるか）とユーザーマネジメント（自社内でどのような施策をとるか）の二つがあります。

サプライヤーマネジメントは、サプライヤー（仕入先）を集約したり、あるいは増やしたり、取引条件変更を交渉するなどしていくということです。

一方、ユーザーマネジメントも忘れてはいけません。社内で使用している物品の過剰スペックを洗い出し、代替品に変更するなど質の見直しを図ることや、発注量・発注頻度を見直したり、発注窓口を一元化することでコスト削減を図ることも考えられます。

■調達戦略をどうするか

生産に関連する部材の調達は高品質部品と汎用的な資材とで分けて考える必要があります。高品質部品は、その製品の質そのものが企業の製品の品質を左右することから、「安かろう悪かろう」ではダメだからです。日産自動車では、ＱＣＤＤＭ、つまり、**品質（Quality）**、**コスト競争力（Cost）**、**開発力（Development）**、**納期厳守（Delivery）**、**経営力（Management）**の観点からサプライヤーを格付けし、基準に合致したサプライヤーを戦略サプライヤーとして位置づけました。これにより、サプライヤーの数を半減し集中購買を進め、コスト削減につなげました。

一方、汎用的な資材に関しては、国内だけでなく、海外まで調達先を広げて競争入札を実施することも検討すべきでしょう。

■販売費及び一般管理費を削減する

コスト削減というときに、優先的に着手すべき費目は**間接材コスト**と言われます。間接材コストは、製造関連コスト（売上原価）以外の販売費及び一般管理費のことをいいます。例えば、販売手数料や広告宣伝費、物流費などです。ちなみに間接材コストに対して、製造関連コストを**直接材コスト**といいます。

直接材のコスト削減に関しては、一般的に購買部門が継続的に目標を達成すべくシビアなコスト削減を実施しています。

一方、間接材を扱うのは管理部門です。管理部門は、一過性のコスト削減や相見積もりの実施だけでコスト削減を主業務とは位置づけていないのが実情でしょう。

私の友人で、コスト削減の専門コンサルティング会社（株式会社プロレド・パートナーズ）を経営する佐谷氏はこう言います。

「原材料費のコスト削減を担当する購買部門と販管費のコスト削減を担当する管理部門にどれだけのコスト削減に対する意識に違いがあるか簡単に確認する方法があります。それは、購買部門の担当者に自社の原材料費の単価や競合他社が購入している原材料費の単価を聞き、管理部門の担当者に自社の宅配便の単価、清掃費の単価を聞いてみてください。購買部門の担当者は、何も見ないですぐに答えられる人がほとんどです。しかし、管理部門の担当者はほとんど答えられる人はいません」

このような実情を踏まえたうえで、間接材コスト削減の具体的な施策を考えていく必要があると言えます。

ただ、同じ販管費でも、研究開発費や広告宣伝・販促費の取り扱いは慎重にならなくてはいけません。なぜならば、これらの「攻めのコスト」を減らせば、目の前の営業利益は増えるかも知れませんが、将来の営業利益を犠牲にしてしまう可能性があるからです。

これらは、コストとは言っても、**未来投資**という位置づけにあるのです。研究開発費や広告宣伝・販促費は、金額もさることながら、売上高に対する比率を同業他社と比較してみて、自社の研究開発費や広告宣伝・販促費が適正な水準なのかをみるという視点も重要です。

■運転資本を管理する

フリーキャッシュフローを増やすために、運転資本の管理をきちんと行っていく必要があります。つまり、売上債権や在庫を圧縮する一方で、支払債務を多くして、運転資本を減らすということです。

日産自動車でも、この運転資本の管理を徹底して行いました。

例えば、売上債権の圧縮を図るために、車の販売代金を早期に回収することを心がけました。そのために、営業担当者への教育・研修の実施、販売会社別に販売代金回収までの日数のモニタリングを実施するなど、地道な活動を行っていったわけです。

一般的には、取引先との力関係もありますが、取引先と交渉して、回収条件を早めたり、請求書の締め日を月1回から2回にしたり、信用リスクが高いと考えられる取引先との取引条件を見直したりするという方法もあるかと思います。

また、期日に入金がなく延滞している売掛金については、きっちりと回収をしていく必要があります。

日産自動車では、在庫の圧縮については、原材料の調達から、お客様への商品提供までの一連の流れを最適化する手法であるサプライチェーンマネジメントを導入しました。特に、海上在庫、つまり船の上に載っている在庫を削減していく取り組みを行いました。日本で製造して、米国で販売していた場合、生産拠点を米国や米国近隣国に移すことで、日本から米国まで船で運んでいた時間を短縮しました。

このようにして、受注から販売までのリードタイムを削減することで在庫削減につなげていったわけです。また設計そのものを見直し、車の部品点数を削減したり、部品の共通化を図ったりしました。

フリーキャッシュフローを増加するために、仕入先への支払いを遅くするという方法もあります。これにより支払債務が増加することになります。確かに資金繰りは楽にはなりますが、ここは、早期支払いによる値引きなどのメリットと比較する必要があります。このメカニズムをご説明しましょう。

仕入先への支払サイト（期間）を長くすることは、キャッシュフロー的（資金繰り）にはプラスの効果があります。しかし、仕入先の立場からすれば、販売代金の回収期間が長くなることは、売上債権増加、ひいては仕入先の運転資本が増加することを意味します。運転資本は、通常、短期借入金で調達していますから、彼らの借入利息の負担が増えることにつながります。そのため、この利息を納入する部品や原材料の価格に転嫁してくる可能性があるわけです。

このように、フリーキャッシュフローを増加させるために仕入先への支払条件を長くすることは、結果的に仕入価格の上昇となって、跳ね返ってくる可能性があることを考えておかねばなりません。

つまり、買掛金や支払手形などの支払債務は、取引先からお金を借りていることと同じである意識を持つということが大切です。

■後回しになる運転資本の管理

先述した通り、企業価値向上にとって大切な運転資本の管理ですが、企業の中で後回しにされることが多いのが実情です。その理由についてご説明したいと思います。

次ページの図表11は製造業の事業活動を簡単に表現したものです。購買部門が原材料を仕入れ、製造部門が製品を生産し、営業部門がその製品を販売する。製造業はこのビジネスプロセスを繰り返し行っています。

それでは、各部門が経営者から求められていることはなんでしょうか。営業部門は、売上高や営業利益アップが第一であって売上代金回収期間の短縮化など二の次でしょう。

また、製造部門は、稼働率アップやコストダウンが最優先でしょう。そして、購買部門は、原材料仕入れ価格のダウンが求められ、そのためには大量購買によるボリュームディスカウントを狙い、在庫水準のことなどお構いなしかも知れません。

このように、どの部門も運転資本の管理には無関心になりがちなのです。

それは、世の中には、ＰＬしか見ない経営者がいまだに多いことと無関係ではありません。「売上をあげろ、コストを削減して利益をあげろ」としか言わない経営者は、運転資本の重要性がわかりません。なぜなら、運転資本とは、バランスシート項目だからです。

	仕入	生産	販売
関連部門	購買	製造	営業
具体的アクション （売上・利益改善）	原材料仕入れ 価格のダウン	稼働率アップ、 コストダウン	売上高 営業利益 アップ
具体的アクション （運転資本の管理）	支払期間・ 在庫水準の 適正化	在庫水準の 適正化	売上代金 回収期間の 短縮化

【図表11】 運転資本管理の具体的アクション

ただ、それだけが理由ではありません。在庫の削減と簡単に言いましたが、一つの部門だけでできるものではありません。たとえば、製造部門が在庫を減らそうと考えても、営業部門は販売機会を失うのを嫌い、多めに在庫を持とうとするでしょう。

また、購買部門は先述した通り、コスト削減のために在庫のことは気にせず大量購買に走るかも知れません。

在庫削減のためには、会社として何に優先順位を置くかという大方針とそれに基づいた販売計画、生産計画、購買計画の連携が必要になるのです。

ところが実情は営業担当役員、製造担当役員、購買担当役員が、それぞれの部門の利害を代表した縦割りの世界で、部分最適な議論に終始しがちです。

機能横断的に横串で見ることができるのは、まさにCFO（最高財務責任者）レベルの人だということになります。運転資本の管理は本編のゼンテックの活動のように、機能ごとの縦割りではなく、クロスファンクショナル（機能横断型）な活動が不可欠だということなのです。

第5章

戦いの始まり

社長室
……よし、分かった
ミスター田端
今進行中のものも含めて設備投資計画は全てストップするように
ミス工藤
研究開発プロジェクトも全てストップだ
バサッ
社長、設備投資や研究開発の計画は継続すべきものを選別した上で改めて方針を決めたいと考えています
追って
そんな余裕はないだろう
この瞬間にもキャッシュが燃えてなくなっているのが分からんのか!
それは分かっているつもりです

君らは下がっていい
あ、はい…
失礼しました
キィ…
オイッミスター陣内！
ビクゥッ
アセットリストラクチャリング（資産の整理）はどうするつもりだ！
次善の策と考えていました
何寝事を言ってるんだ！
こんなんじゃ人員削減に手をつけなきゃいけなくなるぞ！

会議室
B
使用中
良かったな 方向性は社長に承認してもらえた
良かったじゃないですよ 社長の怒鳴り声、廊下まで聞こえてきましたよ！
バタン
いつものことだよ
何を言われてたんですか？
俺が甘かっただけのことだ
アセットリストラクチャリングをやれってことだ
アセット…つまり資産の整理だ
松下幸之助氏の言葉は覚えているか？
資産は金が化けたもの
資産リスト 2015
そうだ 資産の中にはフリーキャッシュフローの増加に役立っていないものがあっただろう？

企業価値は
事業価値と非事業資産価値に
分けられましたね
そうか!
非事業資産価値かぁ
そういえばうちには
保養所があるわね
それだけじゃない
持ち合い株式
なんてのもあるぞ
B社株
A社株
B社
A社
取引先との営業上の
付き合いということで
相互に株式を持ち合う
っていうやつですね
そんな株式を売ったら
ますます売上が
下がりませんか
いや、本当に下がるのか
個別に見ていく必要が
あるだろう
本社ビルも売却しなきゃ
いけないと思う
本社ビル!?

それくらいの状況に我々は置かれているということだ
ということはここから出て行かなきゃならないってことですか?
そうとも限らない
セール・アンド・リースバックと言って
第三者に売却した後そのままうちが毎月の家賃を払って借り続けるってことも可能だ
そうすれば足元では自社ビル売却のキャッシュが入ってくるってことですか
家賃
ビルオーナー
ビル
ビルを売ったお金
そうだ　嵐山
経理からうちの資産リストをもらってきてそれを事業資産と非事業資産に分類してみてくれ
はい
それにしても…
君らはこの短い時間で期待以上のアウトプットを出してくれた
これから各部署の連中に説明しに行かなくてはならない
相当な抵抗が考えられるがこの調子で頑張ってほしい

営業部
おい嵐山…いきなりやって来たと思ったらなんだ藪《やぶ》から棒に
ここにいる村上を引き抜かれてただでさえ大変だというのに取引条件の見直しをしろだと？
はい顧客別の取引条件つまり価格と回収サイトを見直したいと思っています
価格を引き上げる一方で支払いは早くしてくれ！
そんなことお客様に頼めるわけないだろ！
部長のおっしゃることは分かります私も正直他部署の連中からとやかく言われた時にはムカつきました
ただ、そんなことを言っている場合じゃないんです本当にまずい状況なんです

今度こそ倒産するかもしれません
!
そんなにヤバいのかうちは…
…具体的なアイデアはあるのか?
私の売り方を全営業担当者に移植するんです
お前の売り方だと?説明してみろ
……はい!
株式会社ゼンテック
栃木工場
株式会社ゼンテック
栃木工場
田端くん君の言うことはよく分かるよ
執務室

ギッシッ
うちでは在庫を全く見てないわけではないからね
営業の販売計画に基づいて生産計画を立てるだろう
その販売計画を期中で勝手に下方修正するのは営業の方なんだ
だから工場倉庫は売れない製品の山だよ
ゼンテック栃木工場長 内藤琢巳
我々製造部門のミッションは製品の品質を保ちながら納期までに決められた数量を生産することだと思ってる
おっしゃる通りだと思います
ズズ…
むしろ経理の方から生産数量を増やせと言われることもあるくらいだ
経理はなんでそんなことをするんでしょうか?
そりゃ生産数量を増やせば1個あたりのコストが下がるからだよ
そのかわり在庫が増えるわよね
そうだよね
ガチャッ
内藤さんお邪魔してます

ご挨拶が遅れてすみません 別件でミーティングがあったもので
おお
陣内さん 二人から話を聞いたところだよ 他の部長連中は君のことをあーだこーだと陰口をたたいてるようだが私はできるだけ協力したいと思っているんだよ
ありがとうございます
内藤さんみたいに理解がある方が増えてくれると嬉しいのですが…
バタン
経理が生産数量を増やすよう要求してくるって話をしていたところだ
1個あたりのコストは下がっても在庫は増えますよね？
それは原価計算の方法に秘密があるんだ
ちょっとホワイトボードお借りしていいですか？
スッ
製造コストには原材料費などの生産数量に比例するものと労務費、機械設備の減価償却費のように比例しないものがあるよな？
キュッ
キュ
キュッ

生産数量と損益との関係

生産数量を増やすことで1個あたりの製造固定費が小さくなることから結果的に売上総利益が増える

	ケースⅠ	ケースⅡ	ケースⅢ
生産数量（本）	300	400	600
販売数量（本）	300	300	300
売上高（円）	30.000	30.000	30.000
材料費（円）	△ 9.000	△ 9.000	△ 9.000
その他製造経費（円）	△ 22.000 (=△22.000/300×300)	△ 16.500 (=△22.000/400×300)	△ 11.000 (=△22.000/600×300)
売上総利益（円）	△ 1.000	4.500	10.000
在庫（円）	0	8.500 (=(30+22.000/400)×100)	20.000 (=(30+22.000/600)×300)

会計のルールではコストは販売した時に計上することになってるからこのようなことが起こるんだ
どーーん
利益が出る一方で在庫は積み上がる
利益
この在庫が売れなかったらと思うと怖いですね！
その通りだ その他の製造経費2万2000円は実際のところすでにキャッシュアウトしているからな
大丈夫ですよ そのことについてお話をしに来たのですから
驚いたな… 恥ずかしながら初めて生産数量の変化が利益に与える影響が分かったよ
これから一体どうすればいいんだろうか
!!
!!

株式会社
ゼンテック
工藤 うちの目標が何か知っているだろう 原価低減だよ
サプライヤーを格付けして個別に交渉するなんて時間があると思っているのか!
さらにサプライヤーの数を半分にしろだって? いい加減にしろ!
購買部長　小林武男
小林部長がおっしゃることも非常によく分かります ただ、今までの方法でできるコスト削減とはレベルが違うんです
だいたい……
この手の話だったらオタクの上司が出てきてお願いするのが筋ってもんじゃないのか?
お願いですって?
オイ!
な、なんだよ!

……
我々はタイタニック号の上に
いるんです
この瞬間も沈みつつあるんです
そんな状況でお互い勝手なことを
言っている場合だと思いますか？
……
わ、分かったよ
チッ
協力はするが
人はこれ以上
出せんからな！
分かりました
これが計画書に
なりまして…
内容は――……
嵐山
どんな状況だ？
今のところ順調にいっています
最優先すべき目標がこれだと
決まればうちの連中の馬力は
すごいですね
ガチャッ
陣内部長
いますか？

田端…それに小林さんも何かあったのか田端
サプライヤーのX社が倒産して部品供給が停止しました!X社の倉庫にあった部品を今運搬中ですが、本日中にはうちの生産ラインが止まるそうです
!
おたくの指示でサプライヤーを絞ったんだぞ
だから並注(並行注文)してリスクを分散すべきだったんだどうしてくれるんだ!
X社の評価データを見せてくれ
はい
パラ…
経営力はB判定だな
直近の財務諸表が本当だとすると問題なさそうだなもしかしたら粉飾していたのかもしれない
小林さん
この部品は他のサプライヤーでは製造していないのでしょうか?
X社一本に絞るという条件で大幅なコスト削減につなげたんだ
一本に絞ったんですか!?

お、おれは悪くないぞ
従来作っていたサプライヤーに製造を依頼することは?
こっちの都合で切ったんだぞ どんな顔してお願いすりゃいいんだ
我々がやります サプライヤーのリストをください
田端は生産ラインが止まることで納期に支障が出る顧客をリストアップしておいてくれ
はい
嵐山 いくぞ
はいっ
A株式会社
そちらから切っておいて「やっぱり取引してください」? ゼンテックさん…それは都合がよろしいんとちゃいますか?

ガタッ
そんなとことは付きあってられまへんな
A株式会
(株)B
C商
(株)E製作所
E製作所
(株)Jグループ
(株)K鉄
C商会
ゼンテックさんには先代の時にお世話になったと聞きます
困った時はお互い様ですよ
ほ、本当ですか
ただし、条件があります

今回の特別注文は
従来の価格の2倍と
させていただきたい
それと御社との取引の
復活が条件だ
2倍…!?
価格のことは
さておき
取引復活は
できません
……
…陣内さん
さっきのC商会
何がダメだったんですか？
嵐山　あの社長室で何か
気になることはなかったか？
気になること
ですか？

そういえば雑然としてましたね
だろう？ メーカーというのは整理整頓が基本中の基本だ
あの会社と取引をやめたのは品質問題だ
特に品質問題は一朝一夕で改善できるものではない
取引復活はありえないよ
なるほど って言ってる場合じゃないですよね
何かいいアイデアはありますか？
ノーアイデアだ
分かりました ちょっと心当たりがあるので行ってきます！
ダッ
嵐山!?
陣内さんは先に本社へ戻ってくださーい
株式会社ゼンテック

ピリリリ
嵐山か一体どこへ？
調達できました！
価格は2倍ですけど大丈夫ですよね？
ガー…
!?
どこから？
Z社からです
お前…それって競争相手じゃないか!?
知り合いでもいたのか？
受付嬢に知ってる娘《こ》がいまして
地元のフットサルで知り合ったんです
受付嬢か…
わかった帰ってきてから詳しく聞こう
じゃあ後で
陣内さんちょっといいかな
ピッ
……経理部長の坂井さん
おたくの嵐山くんとか言ったかな
彼は資産リストに随分とご執心の様子ですねぇ
経理部長　坂井範夫

本来ならば坂井さんにことの経緯を説明してから嵐山に経理部にうかがわせるべきでした
私はそんなことを言ってるんじゃないですよ
はい？…と言いますと？
どうやら今度来た青い目の社長は誤解なさっているんじゃないでしょうか
うちは売れる資産はすでに全部売っているってことですよ
本当にやっていらっしゃいますか？
なに？
それではこの本社ビルはどうでしょう？
!
あんた本気で言っているのか？この本社ビルはバブル絶頂期に建てたんだ
今売ったら多額の売却損が出るぞ

本気ですよ
売却損は出るかもしれないが
それは会計上のことであって
キャッシュアウトするわけではないですよ
そ、そんなことはわかっている!
だがあんたらが尻尾をふっている株主が黙っとらんでしょう
資産売却による借金返済は
債権者や株主の支持を
取り付けられると思っています
良い赤字と
悪い赤字の
区別は
つくはずです
……
坂井さん
お願いがあります
お願い?
はい
営業部門は今まで
売掛金の回収や顧客との
取引条件に無頓着だった
一方経理では
取引先の信用リスクに無頓着で
単に決められた経理処理を
行ってきただけ

きっちりと経理処理をすることの何がダメなんだ！
悪いとは言ってません
それだけじゃ足りないと申し上げているのです
あんたみたいな新参者にとやかく言われたくない
……私はこの会社が再生するためだったらあなたにどれほど嫌われたっていいんだ
営業と経理が連携する仕組みを作るのに協力していただきたい
……それと坂井さん
生産数量を増やして見かけの利益を増やそうなんてことは
カッ
カッ
金輪際やめてくださいね
カッ
カーッ
翌日
大会議室

プロジェクトの内容は
大体固まったな
これで進めよう
社長
取引先との持ち合い株式を
売却するっていう話ですが
そうなればうちの製品を
買ってくれなくなる可能性が
高いのですが……
パタン
…ミスター今井
君は部長だよな？
あんたにどれだけの給料を
払っていると思っているんだ
なになにだから出来ません
そんなことは新入社員
だって言えることだ
やる方法を見つけるのが
君の仕事だろ
は、はい……

ミスター坂井
さっきのコスト削減の話で触れなかったその他に分類されていた年間数千万円の費用があったな
それは金額も少ないことから…その他に
君もまだ自分の置かれている立場が分かっていないようだな
金額の多い少ないを決めるのは君ではなくこの私だ！
コスト削減に聖域などないんだ！
申し訳ありません…
ミスター小林
君の提案に出てこなかったが
サプライヤーへの支払いサイトを各社一律1カ月伸ばすよう交渉するように
もちろん仕入価格などの他の条件は据え置きだ
えっ でも…
なにか言いたいことがあるのか？
ギロ
い、いえ…
社長、よろしいでしょうか

※下請取引の公正化・下請事業者の利益保護のための法律

解説

非事業資産を洗い出し、キャッシュに換える

■アセットリストラクチャリング（資産の整理）

企業再生においては、業務上の改善だけではキャッシュフローを創出するには足りません。この時に重要なことは、事業のフリーキャッシュフローの増加に十分に寄与していない非事業資産（遊休資産）を徹底的に洗い出し、キャッシュに換えることです。**アセットリストラクチャリング（資産の整理）**が必要となってきます。

日産自動車のリバイバルプランでは、以下のような施策が発表・実施されました。

「日産は現在1394社の株式を保有しているが、費用対効果の観点から売却を進め、現金化を図っていく。さらに、土地、株式及びノン・コア資産の処分を3年間で行い、また在庫削減計画に基づき現在の売上に対する在庫比率を30％削減する」

ゼンテックでは、そこまで踏み込んではいませんでしたが、日産自動車の場合、工場な

ど事業資産の統廃合も進めていきました。

資産の売却においては、簿価よりも時価が低い場合、売却損が出るでしょう。しかし、これは会計上のことであって、実際にキャッシュが流出するわけではありません。資産売却によるキャッシュが有利子負債の圧縮につながるとしたら、債権者、株主をはじめとする利害関係者は納得するはずです。やはり、利益ではなく、**あくまでもキャッシュフローで資産売却の是非を議論すべき**であるということです。

資産売却の際に重要な基準に**リターン・オン・マーケットバリュー（ROMV）**というものがあります。これは当該資産を今売却した場合の価格（時価：マーケットバリュー）とその資産を保有し続ける場合に得られるフリーキャッシュフローの現在価値を比較して、売却の判断材料にするというものです。

日産自動車のリバイバルプランでは、ノンコア資産の売却によって、2年間で総額5300億円以上のキャッシュを生み出しています。

売却によって得たキャッシュで自動車事業の有利子負債を大きく圧縮し、さらに残った資金をコア事業である自動車事業発展のための活動に振り向けました。

■全部原価計算と直接原価計算

原価計算には製造業に適用される「**全部原価計算**」と商業・サービス業に適用される「**直接原価計算**」があります。売上原価の中には、大きくわけて三つの製造コストがあります。それは、原材料費、労務費、その他経費（減価償却費等）です。

全部原価計算というのは、各製品に1個当たりの固定費を割り当てて、製品毎に原価計算する方法です。決算書をつくるルールとして制度的に定められた計算方法になります。この全部原価計算では、売上高が変わらなくても、生産数量によって利益が変化するということが起こります。

陣内が使った例を用いて、ここでもう一度詳しく見てみましょう。

陣内は重要なことを言っています。製造コストには原材料費などの生産数量に比例する**変動費**と、労務費、機械設備などの減価償却費のように生産数量に比例しない**固定費**があるということです。

本編で使った例は、特殊ネジを製造販売している会社でした。材料費は1本30円、生産数量に関わらず、労務費などその他経費として1年間で2万2，000円かかっています。1本当たり100円で1年間で300本売れるとした場合に、生産数量に応じて売上総利益がどのように変化するか、見てみましょう。ここでは1本30円の材料費が変動費、何本作ろうが変化することのない労務費などその他経費2万2，000円が固定費になります。

本編でも結衣と田端が驚いていたように、売上高は変わらないにも関わらず、生産数量を増やすと売上総利益が増えていました。全部原価計算では、製造固定費2万2，000円は生産した製品全てに割り振られることになります。したがって、生産数量が増えると1本当たりの製造固定費が小さくなります。例えば、ケース(Ⅰ)では1個当たりのその他製造経費は約73円（＝22，000／300）なのが、ケース(Ⅱ)では55円（＝22，000／400）に低下しています（図表12参照）。

一方、製造原価として損益計算書上に計上するのは販売数量300本に対応した分（9000円）のみです。こうしてその他製造経費が低くなることから、結果的に売上総利益が増えることになるのです。

一方で、在庫が多くなることには注意が必要です。ケースⅢで生産数量600本の場合、その他製造経費は1万1，000円しかかかっていないように見えますが、キャッシュベースで考えれば2万2，000円はキャッシュとして出ていってしまっていますので資金繰り的にも、要注意です。

次に、商業・サービス業で適用される「直接原価計算」で同じ例を使って売上総利益を計算してみましょう。直接原価計算の場合（図表13）は、その他製造経費2万2,000円の固定費は生産した製品に割り振られることなく、全額費用計上されることから、生産数量に関わらず、売上総利益の金額は変わりません。

今まで見てきたように製造業の場合、損益計算書上の売上原価は全部原価計算で作成するというルールになっています。そのため、製造固定費を薄めるために過剰生産の動機となりやすいという問題があります。

全部原価計算の場合は、生産数量を増やすことで1個あたりの製造固定費が小さくなることから結果的に売上総利益が増える

	ケース（I）	ケース（II）	ケース（III）
生産数量（本）	300	400	600
販売数量（本）	300	300	300
売上高（円）	30,000	30,000	30,000
材料費（円）	△9,000※	△9,000※	△9,000※
その他製造経費（円）	△22,000※ (△22,000/300×300)	△16,500※ (△22,000/400×300)	△11,000※ (△22,000／600×300)
売上総利益（円）	△1,000	4,500	10,000
在 庫（円）	0	8,500 (=(30+22,000/400)×100)	20,000 (=(30+22,000/600)×300)

※販売した300本分の費用を計上

【図表12】 全部原価計算と損益との関係

直接原価計算の場合は、生産数量に関わらず
今期にかかった製造固定費（22,000円）が費用計上されるので、
どのケースも売上総利益は △1,000円となる

	ケース（I）	ケース（II）	ケース（III）
生産数量（本）	300	400	600
販売数量（本）	300	300	300
売上高（円）	30,000	30,000	30,000
材料費（円）	△9,000	△9,000	△9,000
その他製造経費（円）	△22,000※	△22,000※	△22,000※
売上総利益（円）	△1,000	△1,000	△1,000
在 庫（円）	0	3,000 (=30×100)	9,000 (=30×300)

※生産数量に関わらず全額計上

【図表13】 直接原価計算と損益との関係

第6章

攻めの投資の判断基準

会議室
B
使用中
経理部の坂井部長に
経費削減リストの
その他の明細をもらった
んだけど……
10年前から毎月200万円ずつ
有限会社みすみ企画っていう
会社に振り込まれているの
もぐ もぐ
なんの会社か
坂井部長に
聞いても知らない
って言い張るのよ
経理部長が
知らないって
なんだろう?
経理の同期に聞いたら
前会長…今の相原相談役よね
相談役の愛人のための
ペーパーカンパニーって
噂らしいの
愛人!?
相原さんっていえば
今でも陰の実力者って
言われてる人じゃん
じゃあさわれないね
ごく ごく
え～!?
なんて
冗談だよ
そんなことゴードン社長に
通じるわけないだろ
聖域なきコスト削減を
スローガンにしてるんだから

も〜
驚かさないでよ
ガチャッ
おつかれ 昼食が済んだら 会議を始めるぞ
もえるゴミ
社長から なんだが…
成長のための投資を 怠るという指示があった
！
ちょっと待ってくださいよ 設備投資計画は いったん凍結のはずじゃ なかったんですか!?
テックファーストにいる 俺の知り合いの話だと
ゴードン社長のあまりにも短期志向の やり方に疑問を持つ首脳陣が出てきて いるらしい
親会社からの一言で ガラッと変わっちゃう ものなんですかね？
まあ外資系なんて そんなものだろう
田端、うちの設備投資の 判断基準はどのような ものか知っているか？

回収期間法の問題点

- お金の時間価値を無視している
- プロジェクト全体のリスク要因を無視している
- 回収期間以降のキャッシュフローの価値を無視している
- 回収期間の基準があいまいである

そんなに欠点があるんだったら使えないですね
回収期間法の問題点
お金の時間価値を
参考程度ってことだ
カタ
ではどのように判断するのがいいのでしょうか？
Net Present Value（ネットプレゼントバリュー）略してNPVというもので判断するのが最も適切だ
ネットプレゼントバリュー？
価値＞価格
になっているかを判断するということだ
価値と価格って違うんですね
価格というものは今我々が差し出すもの価値はそのかわりに手に入れるものだ
価値
¥

差し出すものより手に入れるものが大きいかどうか判断するってことですよね？
その通り
なんか難しいですね
いやそうでもないたとえば１本100円でニンジンが売られているとする
これを買うときはどんなことをする？
えっと傷んでいないかをチェックして買いますね
¥100
価格
価値
¥100
だろう？100円という価格よりも価値があるニンジンかどうかを見極めてから購入している投資判断も同じことだ
機械設備に投資するということはその機械設備が将来生み出すキャッシュフローを購入するってことだ
最新機種！
従来品より能力が30%アップ！
その価値が1億円しかないのに2億円で買わないだろ？

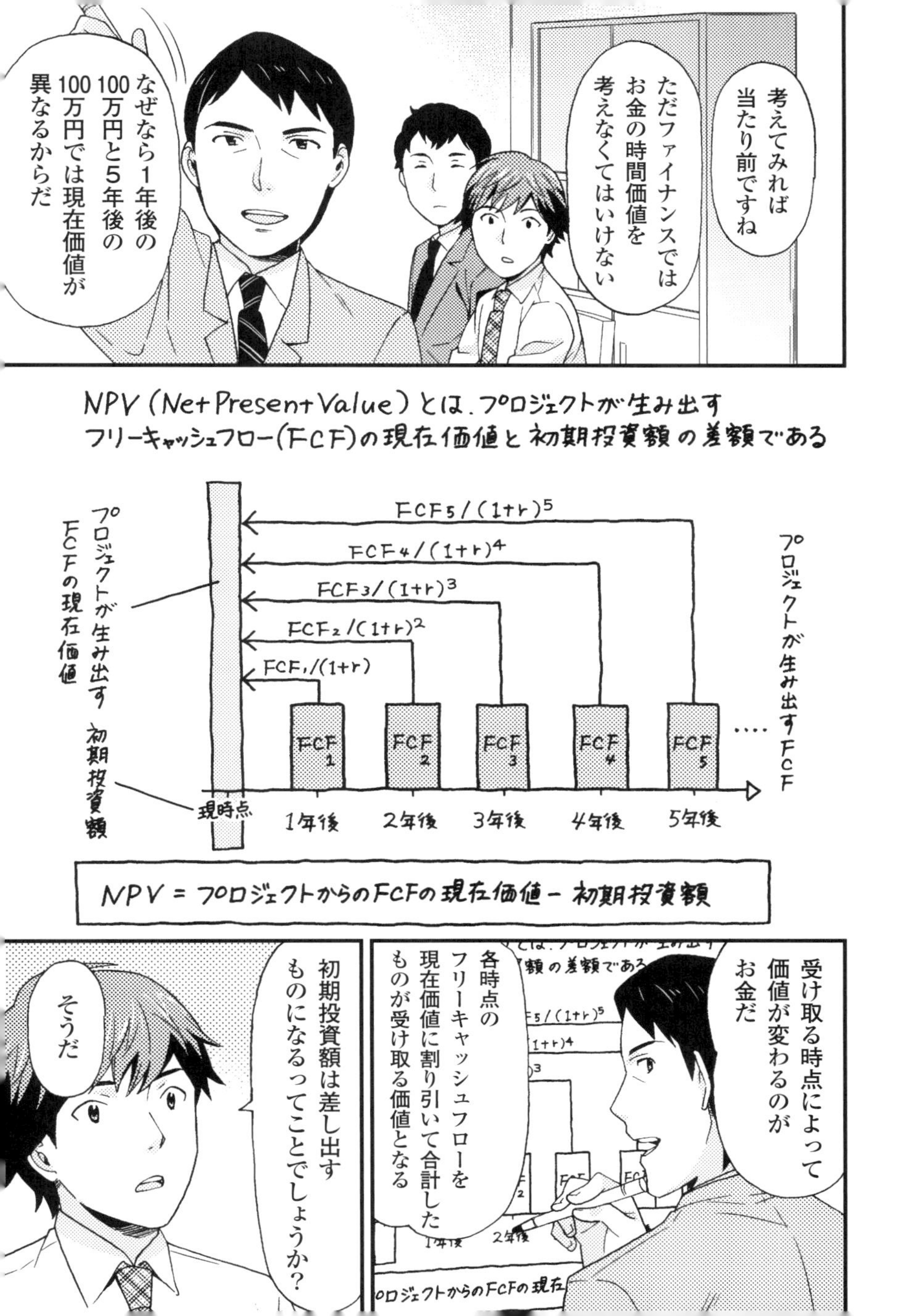
考えてみれば当たり前ですね
ただファイナンスではお金の時間価値を考えなくてはいけない
なぜなら1年後の100万円と5年後の100万円では現在価値が異なるからだ
NPV（Net Present Value）とは、プロジェクトが生み出すフリーキャッシュフロー（FCF）の現在価値と初期投資額の差額である
プロジェクトが生み出すFCFの現在価値
$FCF_5/(1+r)^5$
$FCF_4/(1+r)^4$
$FCF_3/(1+r)^3$
$FCF_2/(1+r)^2$
$FCF_1/(1+r)$
FCF 1
FCF 2
FCF 3
FCF 4
FCF 5
プロジェクトが生み出すFCF
初期投資額
現時点
1年後
2年後
3年後
4年後
5年後
NPV = プロジェクトからのFCFの現在価値 − 初期投資額
受け取る時点によって価値が変わるのがお金だ
各時点のフリーキャッシュフローを現在価値に割り引いて合計したものが受け取る価値となる
初期投資額は差し出すものになるってことでしょうか？
そうだ

その差額
つまりネットしたものが
NPVっていうことですか
その通り
NPVがゼロより
大きければ投資を実行する
小さければ止める
ということになる
NPVの考え方は
わかったんですが
現在価値にする時の
割引率は何を使う
のでしょうか?
あ、
それ僕も
同じことを思った
いい質問だ
企業は債権者と株主から
資金調達して事業活動を
行っているわけだ
したがって債権者と株主の
要求収益率は企業からすれば
負債コストと株主資本コストという
それらを加重平均したものを
加重平均資本コストといい
割引率とするんだ
キュ
キュッ

投資判断時に使う割引率は
WACC（加重平均資本コスト）である

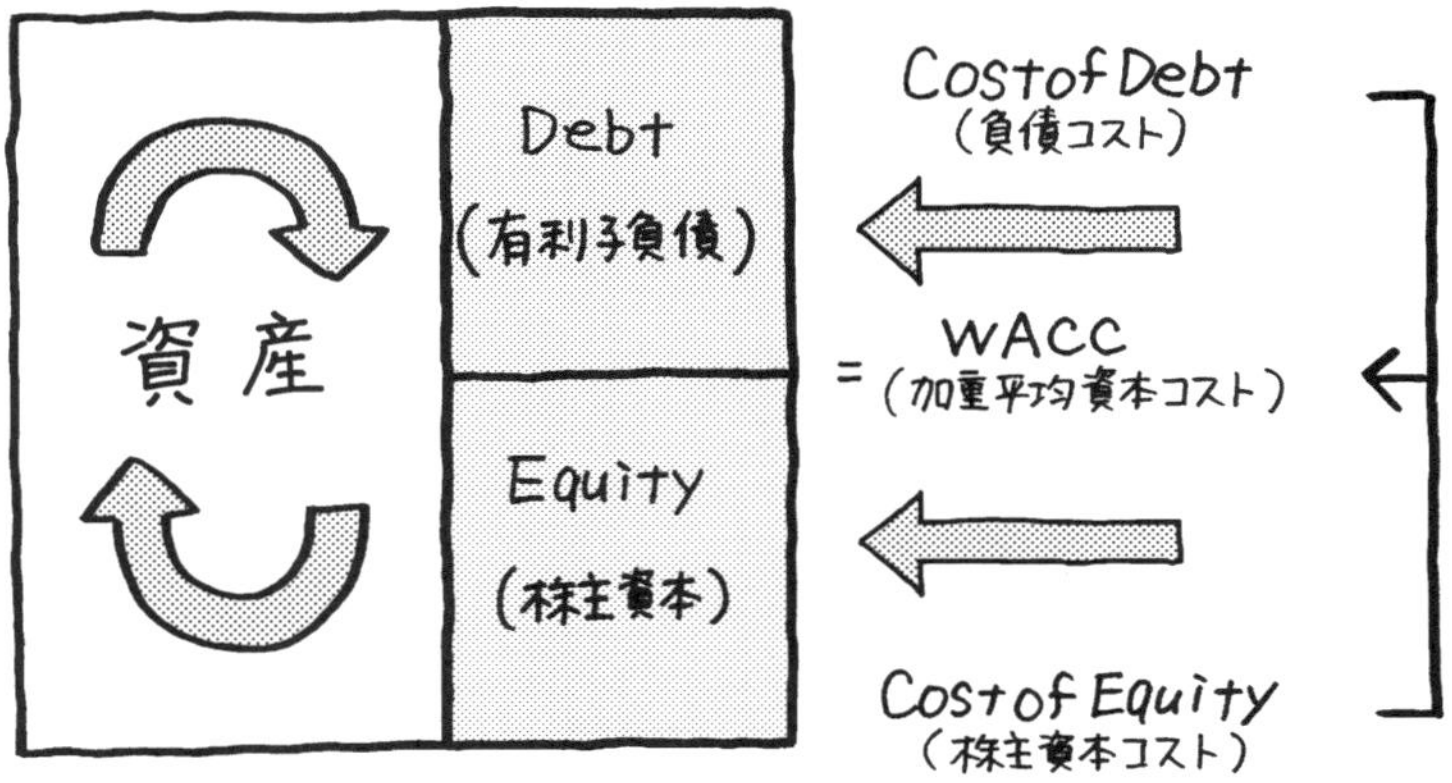

田端 WACC(ワック)が高くなるとNPVはどうなる?
Debt
(有利子負債)
えーっと 小さくなってきます
そうだ 割引率が高いとプロジェクトが生み出すフリーキャッシュフロー(FCF)の現在価値の合計が減少するからNPVも減少することになる
割引率
NPV
NPVを高めるためにはFCFをいかに高めるかWACC(ワック)をどれだけ下げるかってことになるんですね
……あれ? それって事業価値と同じですね
いいとこに気がついたな 企業価値は事業価値と非事業資産価値に分けられたよな?

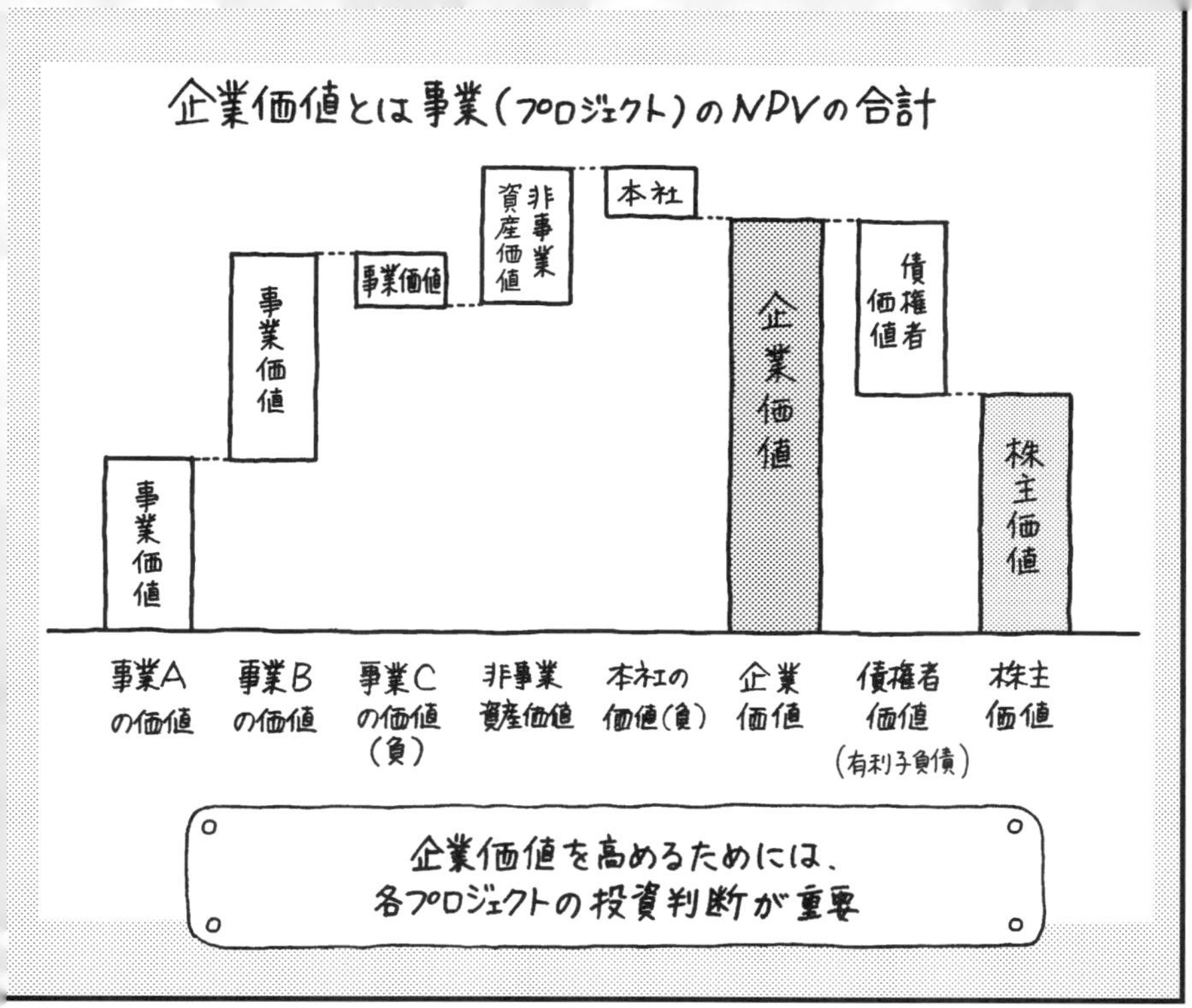
企業価値とは事業（プロジェクト）のNPVの合計
事業価値
事業価値
事業価値
非事業資産価値
本社
企業価値
債権者価値
株主価値
事業Aの価値
事業Bの価値
事業Cの価値（負）
非事業資産価値
本社の価値（負）
企業価値
債権者価値（有利子負債）
株主価値
企業価値を高めるためには、各プロジェクトの投資判断が重要

企業価値は企業の中で実行されている様々な事業活動の事業価値（NPV）の合計ともいえるんだ
事業Cのようにマイナスの場合もあるんですね
事業計画を立てた時NPVは当然プラスだったはずだ
ところが実際にふたを開けてみると事業環境の変化などで計画通りにいかない場合もあるだろう
取引先の倒産
機材の故障
システムトラブル
材料費の高騰
予想外の出費
スケジュールの遅延

マイナスのまま放っておくんですか？
そんなことはしない
テコ入れしたり、それでもうまくいかない場合は縮小したり、売却したりあるいは撤退を考える必要もあるだろう
それと…もうひとつの投資判断基準を教えておこう
キュッ
それは内部収益率英語を略してIRRと呼ばれるものだ
内部収益率
IRR
Internal Rate of Return
率指標であることからNPVよりもわかりやすくこちらを採用している企業の方が多い
その内部収益率っていうのはどういう収益率なんですか？
NPVがゼロになるような割引率だ
価値と価格がちょうど同じになる割引率かぁ
それが何を意味するのでしょう？

IRR = 23.4%のプロジェクトA

単位：万円

日付	2017年1月1日	2017年12月31日	2018年12月31日	2019年12月31日
プロジェクトAのFCF	△1,000	500	500	500

このようなフリーキャッシュフローを生み出すプロジェクトがあるとする

このプロジェクトのIRRは23・4%だ
実は23・4%の預金口座にお金を預け入れることによってもこのプロジェクトと同じフリーキャッシュフローを作り出すことができるんだ

利率 = 23.4%の預金口座

単位：万円

年度	①預金残高（1月1日）	②利息（①×23.4%）	③引出し額	預金残高（12月31日）（①+②+③）
2017年	1,000	234	△500	734
2018年	734	172	△500	405
2019年	405	95	△500	0

たとえば２０１７年１月１日に銀行に１０００万円預けるだろう
大晦日までに利息234万円がつくな
大晦日に500万円を引き出すだろう
これは500万円のキャッシュを受け取るってことだ
残高は734万円だがこれに翌年まだ23・4%の利息がつく
3年間500万円を受け取ると口座残高はゼロになる

プロジェクトと全く同じフリーキャッシュフローだろう？

……

ということは23・4％のプロジェクトというのは23・4％の預金口座にお金を預け入れることと同じってことですか？

そうだ
次に問題になるのは預け入れたこの1000万円というお金を何パーセントで調達してきたかということだ
△500
△500
△500
消費者金融から30％で調達してきて23・4％の預金口座に預けるわけにはいかないだろう
ゴンッ
だからこそこのIRRは企業の調達コストである資本コスト、つまりWACC（ワック）と比較する必要がある
ところで嵐山
今おまえが俺に100円投資してくれたら1時間後に150円にして返す
これが選択肢Aだ
1000円投資してくれたら1100円にして返す
これが選択肢Bだ
どちらの選択肢もリスクがないとするとどちらを選ぶ？
スッ…
100
50

う〜ん
選択肢Bですね
なぜ？
返ってくる金額が大きいからです
コト
その通り
ところが率でいえば選択肢Aの収益率は50％選択肢Bの収益率は10％になる
100円→150円
収益率 50％
1,000円→1,100円
収益率 10％
我々が目指しているのは企業価値額を増加させることであって企業価値率を増加させることではないってことに注意しないといけない
要はIRRは投資の優先順位付けには使えないということを覚えておいてほしい
率指標というのは比較するのには便利なんだが我々は額のことも常に頭の片隅に置いておく必要がある
田端
早速栃木工場の生産ライン増設の投資判断をしなくてはいけない
たたき台を作ってくれ
はい
ガタ
各々も作業を進めてくれ
はい！
株式会社
ゼンテック

投資判断基準の考え方を理解する

■投資判断の決定プロセス

企業は投資なくしては、企業価値を高めることは出来ません。その意味では、現在の投資が企業の将来を左右すると言っても過言ではありません。投資判断の決定プロセスは、

①そのプロジェクトから生み出されるキャッシュフローを予測する
②投資判断指標の計算を行う
③その計算結果と採択基準とを比較、基準を満たしていれば投資を行い、基準を満たしていなければ投資を見送る

となります。

《 企業価値は投資によって生まれる 》

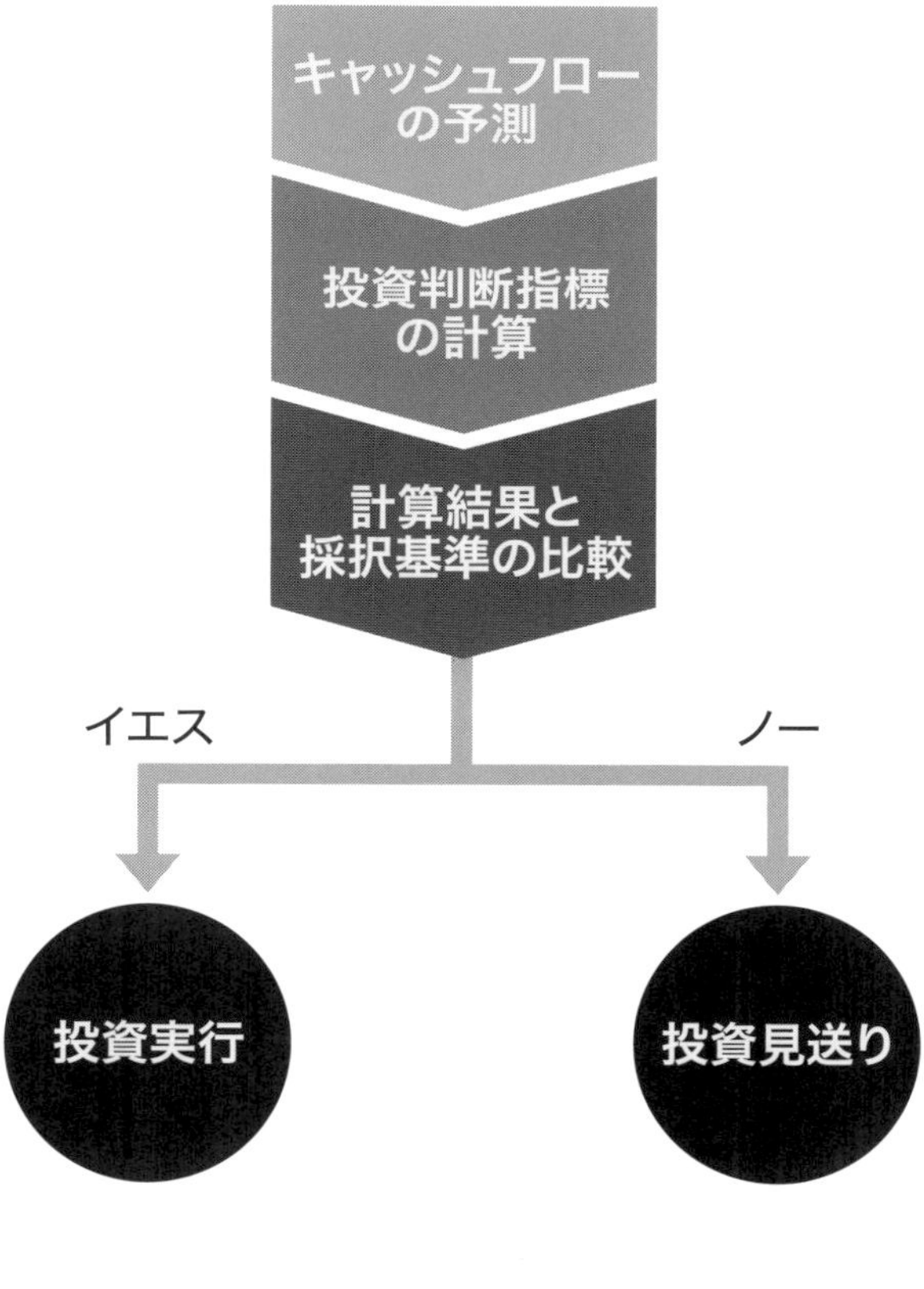

【図表14】 投資判断の決定プロセス

ただし、ここで注意しなくてはいけないのは、これはあくまでも定量的な判断です。全ての事象をキャッシュフローの予測に織り込めるはずもありません。

例えば、技術上の諸問題、地域社会や環境、組織管理、法律、あるいは経営者の想いなど、定量化が難しい定性的なことも考慮した総合的な判断が求められるということです。

■NPV(正味現在価値)法

プロジェクトに投資をするということは、「プロジェクトが将来生み出すであろうフリーキャッシュフローを購入する」ことと同義です。そのときの判断基準は、将来のフリーキャッシュフローの現在価値よりも低い価格で購入することができたら、「よい買い物」ということになります。

プロジェクトが将来生み出すフリーキャッシュフローの現在価値から初期投資額をマイナスしたものがNPV（Net Present Value）です。

NPVがプラスであれば、「投資実行」になります。

反対に、NPVがマイナスであれば、「投資見送り」となります。

割引率はWACCを使う

NPVを求める際に、将来フリーキャッシュフローを現在価値に割り引くと言いましたが、割引率に何を使えばいいのでしょうか。

結論から言えば、企業の資金調達コストであるWACCで割り引くということになります。**WACCとは負債コストと株主資本コストの加重平均資本コスト**のことをいいます。

企業は債権者と株主から資金調達をして事業活動を行っています。当然のことながら、この資金調達には、相応のコストが発生します。

債権者は融資の見返りとして利息の支払を要求してきます。これは企業にとってはコストになるわけです。この債権者の要求収益率を「**負債コスト（Cost of Debt）**」といいます。

負債コストというのは、債権者からすれば、経営者に要求する収益率、一方の経営者からすれば、銀行などから借り入れをした場合、あるいは、社債を発行した場合、支払利息が何％となるかを表した数字と言えます。

債権者の要求収益率が「負債コスト」であるのに対して、株主の要求収益率を「**株主資本コスト（Cost of Equity）**」と言います。

株主資本コストは経営者にとってはコストですが、株主にとっては、収益率（リターン）

です。この企業に投資をするからには、これだけのリターンは要求したい、というものです。負債コストは、はっきりとした数字が出てくるので分かりやすいのですが、株主資本コストの場合は、それぞれの株主によってリスクの感じ方が異なることから、それを考慮した数字を推定する必要があります。

例えば、ある株主が「この企業はそれほどリスクがないから、これくらいの低いリターンでいい」と考える一方で、他の株主は、「この企業の将来の業績は不安定だから、少なくともこれくらいの高いリターンは欲しい」と考えるかも知れません。

株主の要求収益率を推定する際は、こうした様々な考えを反映させなければなりません。株主資本コストの推定方法はいくつかの方法がありますが、**CAPM（Capital Asset Pricing Model「キャップエム」と発音します）**という理論が最も多く使われています。

ちなみに、CAPMを考えた米国のウィリアム・F・シャープ氏は、この業績を評価されて、1990年にノーベル経済学賞を受賞しています。詳しくは、拙著『ざっくり分かるファイナンス』をご覧ください。

■割引率は高すぎても、低すぎてもよくない

プロジェクトの投資判断に使用する割引率の設定には、なかなか難しいものがあります。先ほど述べたように、少なくとも、株主と債権者が要求する収益率（＝企業にとっての資本コスト）以上にする必要があります。

しかし、同じ企業内のプロジェクトであっても、プロジェクトのリスクが高い、つまりそのプロジェクトが将来生み出すであろうフリーキャッシュフローのバラツキが大きい場合、「ハイリスク・ハイリターンの原則」に照らして、高い収益率が欲しくなります。要求収益率と表裏一体である割引率が高く設定されることになります。割引率が高いということは、プロジェクトが生み出すキャッシュフローの現在価値の合計が減少しますから、NPVも当然ながら減少します。

こうして、NPVがマイナスになれば、「投資見送り」ということになります。

一方、低い割引率を用いた場合、どんな案件でも「投資実行」となってしまいます。したがって、プロジェクトのリスクに見合った割引率を使う必要があるのです。

伊藤忠商事などでは、プロジェクト実施国や事業ごとに割引率を設定し、投資判断をしています。

■IRR法

NPV法以外にも、IRR法というプロジェクトの投資判断指標があります。IRRは**内部収益率（Internal Rate of Return）**の頭文字をつなぎ合わせた言葉です。これを定義すると「**プロジェクトのNPVがゼロになるような割引率**」となります。言い換えれば、「価値と価格がちょうど同じになる割引率」と言えます。IRRはExcelのIRR関数を使えば、簡単に計算することが出来ます。

本編と同じプロジェクトを使ってIRRの意味をもう一度考えてみましょう。プロジェクトAのIRRは23・4％でした。IRRが23・4％のプロジェクトAに投資をすることは、預金金利が23・4％の銀行にお金を預けることと同じです。具体的に説明していきましょう。

まずは現在が2017年1月1日だとして、いま1000万円を銀行に預けるとします。銀行の金利が23・4％の場合、その年の大晦日に234万円の利息がつきます。同時に預金口座から500万円を引き出します。そうすると、口座残高は、734万円になります。これを預けたままにしておき、2年目も23・4%で運用して、2018年の大晦日に500万円を引き出す。翌年も同じ事を繰り返すと2019年の大晦日には銀行の口座はゼロになります。

こうしてみると、プロジェクトAと銀行預金が生み出すキャッシュフローのパターンがまったく同じであることに気づくと思います。

銀行に1000万円預けるということは、プロジェクトAに1000万円投資することと同じです。そして、1年目に預金口座から500万円引き出すということは、プロジェクトAが生み出した500万円を受け取ることと同じです。

こうして2年目、3年目とプロジェクトAと同じ額のキャッシュを引き出すことができるわけです。内部収益率23・4%のプロジェクトAに投資することが、年率23・4%の銀行預金にお金を預けるのと同じだというのは、このことをいいます。

これこそが、IRRの本質的な意味です。

■WACCと比較する

このIRR法を使ってプロジェクトに投資するかしないかの意思決定は、どのように行うのでしょうか。結論から言えば、企業の資金調達コストであるＷＡＣＣと比較することになります。ＩＲＲ法の投資の意思決定プロセスは、

①そのプロジェクトから生み出されるキャッシュフローを予測する
②プロジェクトのＩＲＲを計算する
③ＩＲＲ＞ＷＡＣＣならば、「投資実行」、ＩＲＲ＜ＷＡＣＣならば、「投資見送り」

となります。

「ＩＲＲ法は、ＮＰＶ法と違ってＷＡＣＣを推定しなくても計算できるから使いやすい」という人がいますが、間違いです。

ＩＲＲそのものの高い低いという議論は意味がありません。重要なことは、何と比較するかなのです。ＩＲＲ法では、**ＩＲＲとＷＡＣＣとを比較しなければなりません**。これがポイントです。

先ほどの例で言えば、「銀行にお金を23・４％で預けるといいますが、そのお金は何％で調達してくるのですか」ということになります。30％で調達してきたお金を23・４％の

預金口座で運用するなんて馬鹿げた話はありません。調達コスト（＝WACC）以上の収益率が期待できる預金口座（＝プロジェクト）で運用するということが大切なのです。

■IRR法の欠点

そんなIRR法ですが、欠点があります。

それは、IRRが率指標であることから、プロジェクトの規模の違いが反映されないのです。これは非常に重要なポイントです。本編では陣内が翔太に「次の選択肢では、どちらを選ぶか」という質問をしていました。

A　100円投資すれば、1時間後に150円になって戻ってくる場合

B　1000円投資すれば、1時間後に1100円になって戻ってくる場合

翔太は戻ってくる金額が大きい選択肢Bを選んでいました。

ところが率で言えば、選択肢Aは、収益率が50％（＝（150－100）÷100×100％）、選択肢Bは収益率が10％（＝（1,100－1,000）÷1,000×

100%）になります。

収益率が高いと考えて、選択肢Aを選ぶのは間違いです

企業価値という観点からすれば、額が多い選択肢Bを選ぶべきです。経営者の目指すべきゴールは何か、それは企業価値を高めることです。

つまり、プロジェクトの利回りが単純に高くても、企業価値に与えるインパクトが小さくては意味がありません。言ってみれば、IRR法は投資の優先順位には使えないということです。

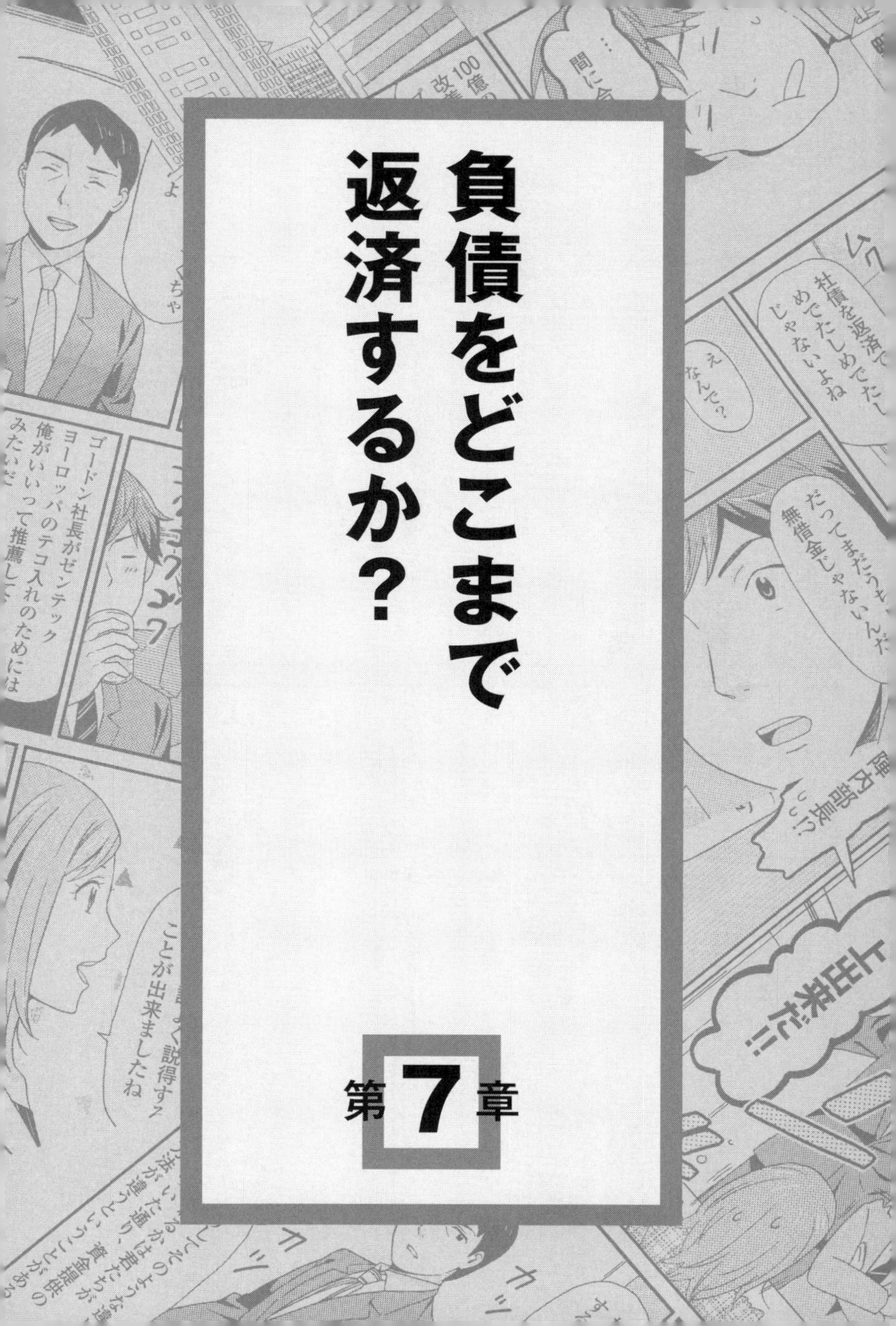

第7章

負債をどこまで返済するか？

プロジェクトチームが発足してから1年…
株式会社
ゼンテック
…間に合ったぁ…
ぢゅ―
100億のキャッシュフローの改善で社債が無事に償還プロジェクト大成功よね
ムクッ
いや、待って結衣ちゃん
社債を返済できてめでたしめでたし…じゃないよね
え
なんで?
だってまだうちは無借金じゃないんだよ

※配当を復活すること
社長はそうそうに復配※しようと考えているらしい
元気!! 野菜300
コト
株主に配当を出し始めるってことはいいことでしょう
そりゃそうだけどその前にやることがあるんじゃないかな
やること?
無借金会社にするってことだよ
そうすれば今回のように借金返済のために大変な思いをする必要もないし
支払利息がなくなれば利益やキャッシュを増やすことができる
計画書
そもそも資金調達には銀行借り入れや社債発行などの債権者から調達する方法と株主から調達する方法の2通りあるわよね
うん
陣内部長は企業の調達コストは資本コストと呼ぶって言ってたっけ

うん
負債コストと株主資本コストの加重平均とも言ってた
WACC(ワック)だよね
負債コストと株主資本コストってどっちが低いのかしら
うーんと株主資本コストじゃないかな?
多くの企業が無借金会社を目指しているのは負債コストが高いからでしょ?
それに株主から調達した資本金は返さなくていいじゃないか
うちにとってみれば得だよ
うちにとっての負債コストと株主資本コストは債権者と株主からすれば要求収益率よね
スッ…

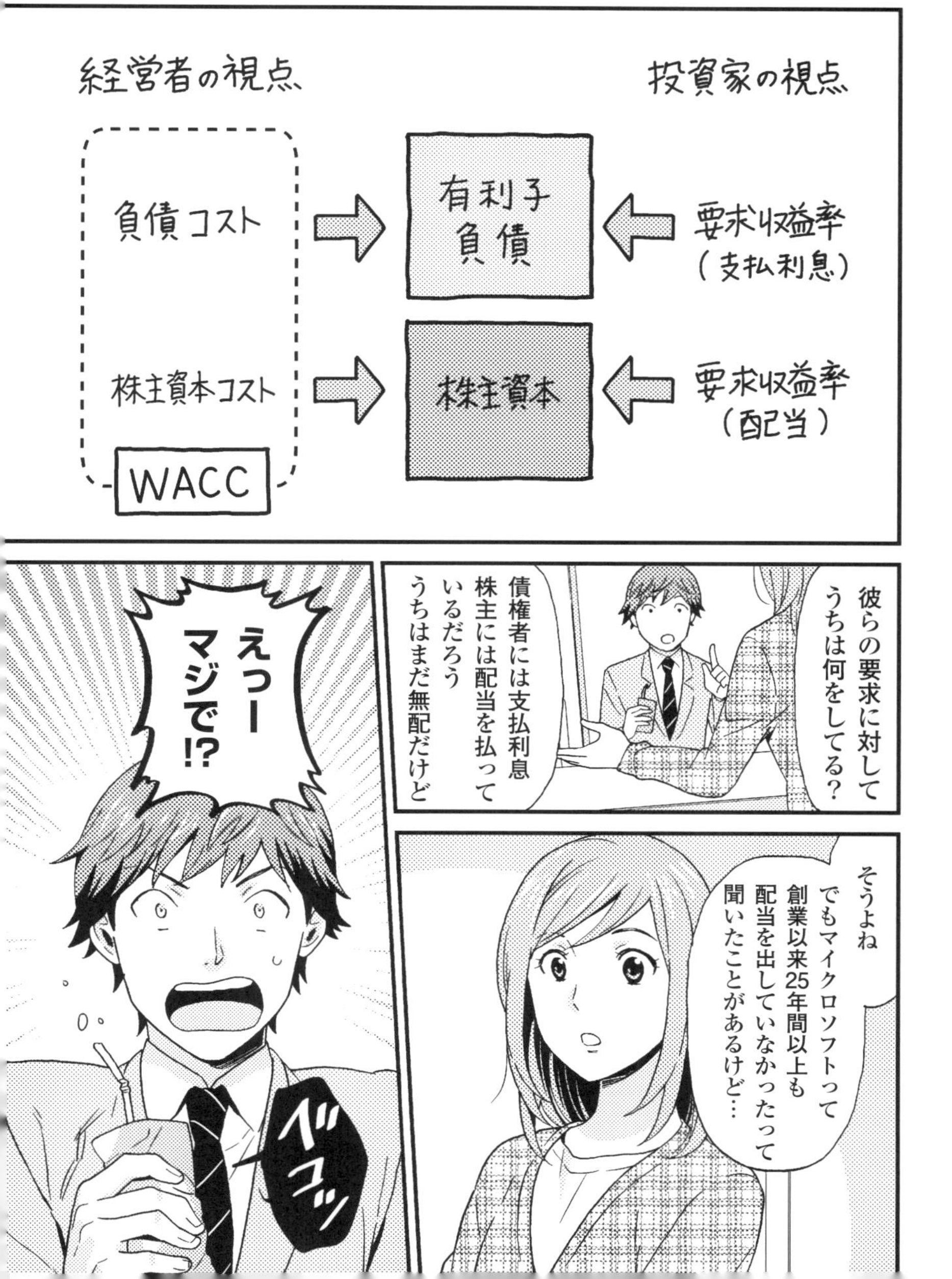
経営者の視点
投資家の視点
負債コスト
株主資本コスト
WACC
有利子負債
株主資本
要求収益率（支払利息）
要求収益率（配当）
彼らの要求に対して うちは何をしてる？
債権者には支払利息 株主には配当を払って いるだろう うちはまだ無配だけど
そうよね でもマイクロソフトって 創業以来25年間以上も 配当を出していなかったって 聞いたことがあるけど…
えっー マジで!?
ゴクッ

なぜ株主は社長のビル・ゲイツに配当を要求しなかったんだろう
ん！
わかった！成長だよ
つまり自分が持っている株の価格がどんどん高くなっているのであれば配当なんてなくたって株主は満足するんだよ
キュキュッ
配当と株価上昇かぁ
要求収益率（配当）
＋株価上昇
じゃあ資金提供の見返りをもらえる　もらえないのバラツキはどちらが大きいんだろう？
なんでそんなこと聞くの？バラツキってリスクだよね
債権者と株主ではどちらのリスクが高いかってことか
そう
コトッ
野菜
うーんどっちだろう…
あれ？うちは配当払うのストップしてまで社債を償還するのを優先していたよね
なぜって社債の償還は債権者と契約書を取り交わして約束していたからだ

ところが配当と成長は
うちが株主と特に契約を
結んでいるわけではない
そうだ
リターンのバラツキが
大きいのは株主なんだ
ということは……
ハイリスクだから
ハイリターンを
要求するってことね
株主にとっての
要求収益率は
うちにとってみれば
株主資本コスト
だから
負債コストよりも
株主資本コストの方が
高いってことに
なるのかぁ
負債コスト
株主資本コスト
株主
要求収益率
驚きの結果ね
無借金会社がてっきりいい会社
かと思ってたけど、どうやら
そんな会社のWACC(ワック)は
高くなってしまっているってことだよね

ビクゥゥッ
上出来だ!!
陣内部長!?
びっくりした…
借金が少なければ少ないほどいいというのは銀行などの債権者の視点だ
株主にとってはどういう会社がいい会社なのでしょうか?
カッ
カッ
株主は成長を重視する傾向がある
つまり売上がどんどん増えていくことを求めている
そのためにはある程度有利子負債を増やすことは問題ないと考える
どうしてそのような違いが生まれるかは君たちが気づいた通り、資金提供の方法が違うということがある

企業を取り巻く利害関係者と損益計算書の関係を話しておくか
カチャッ
利害関係者ですか？
企業の利害関係者には顧客や仕入先、従業員
債権者、政府や株主といった組織がある
仕入先
株主
顧客
ゼンテック
債権
政府
従業員
企業は顧客に製品や商品、サービスを提供することによって売上を上げるだろ
それを利害関係者に分配する仕組みになっている
その分配の順番は株主が最後になる

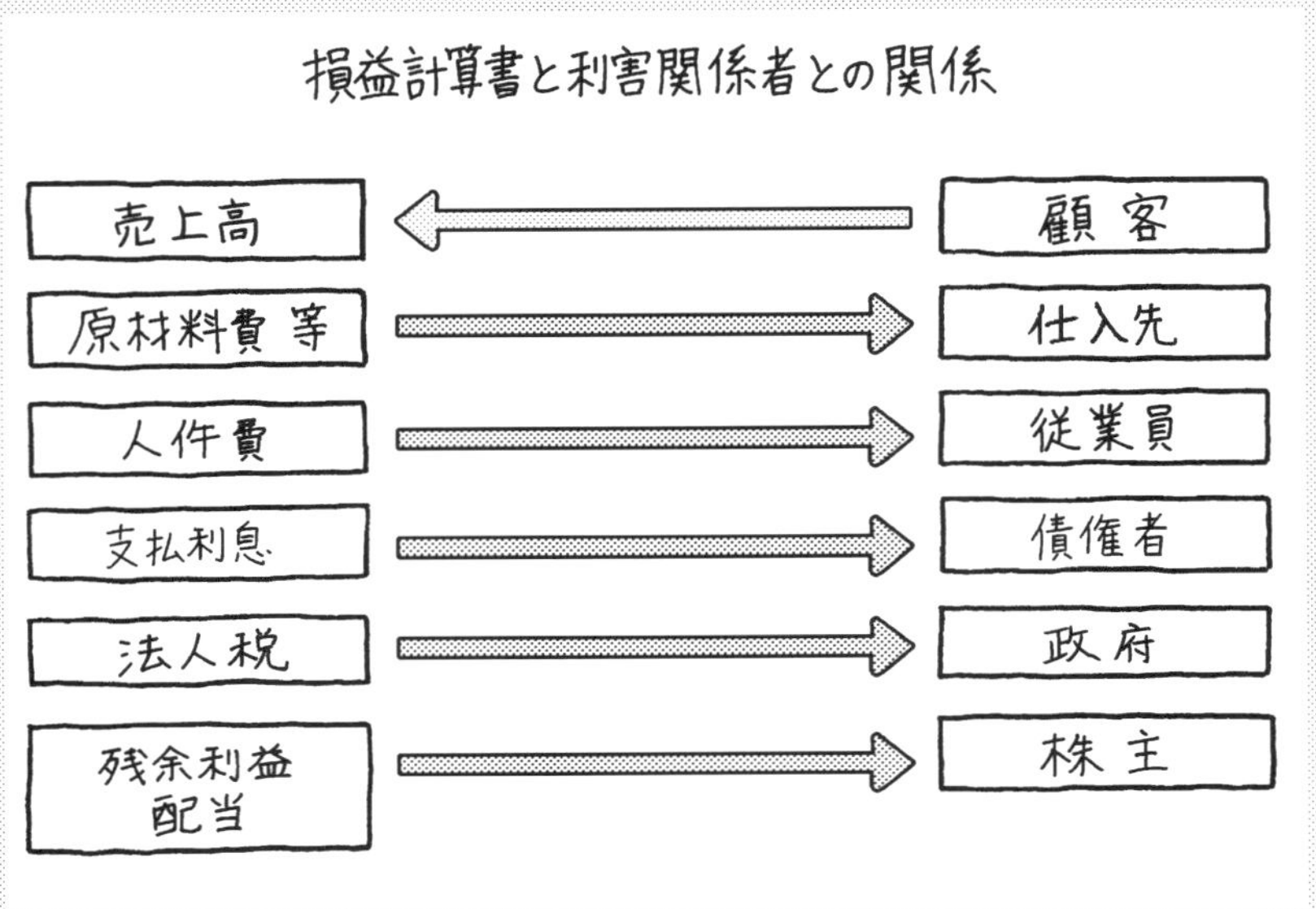
損益計算書と利害関係者との関係
売上高
顧客
原材料費等
仕入先
人件費
従業員
支払利息
債権者
法人税
政府
残余利益配当
株主

ほんとだ
株主には残った利益が行くってことなんですね
そうだ
債権者への元本返済と利息の返済は優先させるんだ
この流れをみると株主が成長を重視する気持ちが分かりますね
債権者は企業が倒産さえしなければ元本と利息の支払いは契約で決まっているんですもんね
企業に対して安定的にキャッシュを生み出すことを望むわよね

この債権者と株主のマインドの違いはぜひ分かっておいてほしいんだ特にＩＲ部の連中は分かっていないとまずいな
ＩＲ部…？
うちにそんな部がありましたっけ？
カタッ
今までは広報部と一緒だったんだが私が社長にＩＲ部をつくるべきと進言したんだよ
ＩＲなんてはじめて聞きました
広報とＩＲって違うんでしょうか？
なんの略…？
ＩＲは Investor Relations の略だ
Investor Relations
投資家との関係性を構築する部署ということだ
広報とは違うということですよね
そうだ だからこそＩＲ部の創設が必要なんだ
ＩＲのミッションはＷＡＣＣ（ワック）を下げることだ

WACC（ワック）を下げる？
投資家のリスクの感じ方を下げることだな
簡単に言えば企業が投資家と単なる知り合いから親友になるってことだ
親友になれば要求する収益率が低くなるつまり企業にとってはWACC（ワック）が下がるってことなんですね
距離 遠
高 リスク
投資家
距離 近
低 リスク
投資家
そっか どうやったら投資家と親友になれるでしょうか？
君が今の親友とどうして親友になったのかを考えればわかるよ
う〜ん
誠実な人だからですかねぇ
企業も同じだよ業績がいい時も悪い時も嘘をつかず適切なタイミングで適切な情報を開示し続けるという誠実な姿勢が大事なんだ
株式会社ゼンテック

私が前にいた会社では
Debt IR
Equity IR
Debt IRとEquity IRで部署が違った
なぜなら親友のなり方が違うからだ
債権者にいくら成長をアピールしても親友にはなってくれない
株主にいくら安定性をアピールしても親友にはなってくれないんだ
計算書と利害関係者との関係
顧客
仕入先
従業員
債権者
政府
株主
おっと
そろそろ行かないと
ミーティングですか?
社長と配当の件でミーティングがあるんだ
復配する方向ですよね
ああ
論点はその時期と金額だな…
社長室
キュッ

ミスター陣内
君は私の考えに反対なのかね
復配についてはもちろん賛成です
私が申し上げているのはその時期と金額のことです
上場以来初の大型配当がなぜダメなんだ我が社の業績回復を内外にアピールできるだろう
我が社はこれから成長していかなくてはなりません
研究開発や設備投資など成長のためのキャッシュを確保しておくべきだと申し上げているのです
一体ゼンテックは誰のおかげでここまで来れたと思っているんだ
テックファーストだろう！

我々がキャッシュを入れなかったらとっくのとうに倒産していたんだ
入れた金を回収して何が悪いんだ！
月刊ビジネス
テックファースト傘下のゼンテックはどう変わったのか？
注目の株
繰り返しになりますが復配に反対しているわけではありません
ただ、なにも今までにない配当金額にする必要はないですし、時期尚早と考えているのです
親会社のテックファーストにとっても今配当で多額のキャッシュを受け取るよりも
我が社の将来の成長を望むのではないかと申し上げているのです
なんでそんなことが言えるんだ!?
スッ
来期から大型配当を開始する場合と
まずは研究開発や設備投資を優先し、5年後に配当開始する場合とで将来のキャッシュフローを予測しました

カッ
カッ
結果的にテックファーストが受け取るキャッシュフローの現在価値の合計は後者の方が大きいのです
スッ
そんなのはあくまでも研究開発や設備投資が順調にキャッシュフローの増加に結びついたらということだろう
もちろんおっしゃる通りです
ただシナリオの前提条件は保守的に考えています
なに？
パラ…
……
よしわかった

その前提条件をもう一度詳しく聞かせてくれ
それが本当なら私からテックファーストに説明しよう
はい
株式会社ゼンテック
それから数カ月後
RISTORANTE

ワイワイ
グラス持った?
よし
始めるか!
ゴホン!
えー
それでは
このたび
ゼンテックヨーロッパの
社長に就任が決まった
陣内部長の
今後の活躍を
祈念して乾杯したい
と思います
カンパーイ!!

ガヤ
ガヤ
それにしても陣内部長
今回の大抜擢めちゃくちゃ驚きましたよ
まあ俺自身が一番驚いているからな
テックファーストからご指名があったっていう噂ですけど
ゴクゴクゴク
ゴードン社長がゼンテックヨーロッパのテコ入れのためには俺がいいって推薦してくれたみたいだ
へえ…
それにしてもあんなに聞く耳持たなかったゴードン社長なのに配当の話よく説得することが出来ましたね
そうだな
何か人を説得する秘訣なんてあるんですか？

秘訣なんてないよ
説得の得は自分の得じゃなくて相手の得を説くってことなんじゃないかな
俺はいつも何が相手の心を動かすかを見極め常に数字をベースに議論するってことを心がけている
あの～ 陣内部長
私も一緒に連れてってもらえないでしょうか！
もう酔ってるのか…
おまえは俺の代わりにやることが残っている
ここで出来るだけ経験を積むんだ
嵐山 おまえはよくやった 俺が無理矢理営業から引き抜いただけのことはある
ええ～!?
そうだったの!?
コイツが異動になったのは陣内部長が絡んでいたんですか

俺の目に狂いはなかったよ
いつか必ずおまえに声をかけるその時は力になってくれ
翔太!
陣内部長…
君たちのおかげでゼンテックは危険な状況を乗り越えることができた
予断は許さないがいままでやってきたことつまり当たり前のことを当たり前にやり続けることが出来れば二度とあのような状況に陥ることはないだろう
ゼンテックを頼んだぞ!

RISTORANTE
カッ
カッ
次の課題は新たな成長の軌道にどう乗るかだ
今後の君たちの活躍に期待する私は私で頑張るつもりだ
我々の周りに様々な建物が建っているが
雨後の筍《たけのこ》のように自然に生えてきたわけじゃない
それぞれの建物は一人ひとりの人間の想いが形になったものだ

想いが強くなると「念」という漢字をあてるって知ってたか？
いいえ
念じるという漢字は今の心と書く
念力という言葉もあるよな
ぐっ
今の心にフォーカスするとモノをも動かす力があるってことだ
それをモチーフにした映画があるだろう
あっ
スターウォーズだ
フォースかぁ
数字が未来を創るのではなく君たち一人ひとりの念《おも》いが未来を創るんだ
それを忘れないでほしい

解説

無借金はいい会社か

■「無借金会社がいい」は債権者の発想

資金提供者には、株主と債権者があります。

しかし、両者にとって「いい会社」の定義は違うということをまずは押さえてください。株主には、企業の成長性を重視する傾向があります。つまり、売上がどんどん上がっていくことを求めます。そのためには、ある程度有利子負債を増やすのもやむを得ないと考えています。

一方で、債権者は企業の安定性を重視します。それゆえに借金が多い企業を嫌う傾向にあります。借金が多くて、企業が倒産するのを何よりも嫌うからです。

■債権者と株主のマインドの違い

それではなぜ債権者は安定性を重視し、株主は成長性を重視するのでしょうか。これを考えるにあたって、損益計算書を見て、企業とその利害関係者との関係について考えることにします。

企業の利害関係者には、顧客や仕入先、従業員、債権者、政府や株主などといった人や組織があります。経営者は顧客に製品や商品、サービスを提供することによって売上をあげ、そして仕入先に原材料を調達する代わりに売上原価という形でコストを支払っています。

この売上から売上原価を差し引いたものが売上総利益（粗利）です。

次に、この売上総利益の中から従業員などの給料やさまざまなコスト、つまり販管費を支払います。

さらに営業利益から債権者に対して支払利息を支払ったうえで、国や地方公共団体などの政府に対して税金を支払います。そして最後に残ったものを受け取るのが株主です。

この流れを考えると、株主が成長性を重視し、企業に対して「売上をあげてくれ」というマインドになるのも理解できます。そうしないと、自分たちに利益が回ってこないからです。株主の場合、損失は自分が出資した金額までですから、限定的である一方、利益は青天井ということになります。

ところが債権者というのは、同じ資金提供者でも、この流れにおいて株主よりも優先順位が先に来ます。なおかつ債権者にとってのリターン、つまり利息は、借入をする時点であらかじめ契約によって決まっています。

つまり、企業がどれだけ売上を伸ばそうがリターンが増えるわけではありません。よって、成長を目指して、売上高をどんどん伸ばしたり、ハイリターンを求めて、ハイリスクな投資をする企業よりも、安定的に売上をあげる企業を好むマインドになるわけです。

もちろん、売上が下がって倒産なんてことになれば、利息はおろか元本まで回収出来なくなりますので、債権者が企業の成長性を気に掛けないということではありません。

このように同じ資金提供者でも、安定性を重視する債権者と成長性を重視する株主というように両者のマインドが異なることを押さえてください。

■経営者の仕事は事業の継続

株主価値経営が、従業員をはじめとする他の利害関係者を軽視しているという意見があります。しかし、決してそんなことはありません。

株主は収益配分の中で最後に位置するわけですから、株主にとっての利益を最大化することによって川上に位置する他の利害関係者にも恩恵がもたらされるからです。経営者にとって一番重要なことは事業継続です。

ドラスティックにコスト削減やリストラを行って短期的に株主の利益を増やしたところで、それは事業継続の観点で言えば、自分で自分のクビを絞めることにつながりかねません。その意味で、経営者の仕事とは、全ての利害関係者に適正な収益の分配を行うということになります。

■株主資本コストと負債コストどっちが低いか

あなたが今から100億円資金調達しなくてはならないとします。調達コストは出来るだけ低い方がいい。あなたはデット・ファイナンス（銀行借入や社債発行）を選択するでしょうか。それとも、エクイティ・ファイナンス（株主からの出資）を選択するでしょうか。企業からすれば、デット・ファイナンスには負債コスト、エクイティ・ファイナンスには株主資本コストが発生します。

先の問いは、「負債コストと株主資本コストのどちらが低いか」という問いに答えることと同じことです。負債コストと株主資本コストは投資家サイドからすれば、要求収益率になります。このように立場が変わると同じモノでも表現方法が異なる点がファイナンスの難しいところの一つです。

有利子負債の提供者である債権者は、企業からどういう形で資金提供の見返りを求めるかというと、利息です。それでは、株主はどういう形で見返りを求めるでしょうか。

それは二つあって、一つは配当です。そしてもう一つは株価上昇による売却益です。

ここで、株主と債権者とでは、どちらがリスクを取っているかという質問に置き換えてみましょう。答えは株主です。債権者のリターン（利息）は契約で決まっていますが、株主のリターン（配当と株価上昇による売却益）は約束されているわけではありません。

したがって、株主は「リスクを取ってるんだから、それ相応の高いリターンを要求するよ」ということになります。

つまり、経営者にとっては、株主資本コストの方が負債コストよりも負担が大きいということになります。

ところが、企業の経営者はどうしても負債コストに目が行きがちです。

それはなぜかというと、負債コストは損益計算書上に支払利息として出てくるからです。

もちろん、株主への配当も決算書に出てきます。

ところが、株主の資金提供の見返りは配当だけではありませんでした。

株価を上昇させていく、つまり成長への要求（期待）はどうでしょうか。

実は、決算書のどこにも出てこないのです。

だからと言って、経営者が無視していいことにはなりません。

もし、経営者が株主たちの要求する収益率を出せなかったとしたらどうでしょう。

こう考えてみましょう。あなたがある企業に１００万円を出資するとします。この企業のリスクから考えて、あなたは最低でも自分の出資したお金を1年後には１１０万円にして欲しいと考えるとしましょう（このとき、あなたの要求収益率は10%です）。

ところが、あなたの意に反して、その企業経営者はあなたの要求（期待）に応えてくれる様子はありません。

あなたは、その企業と同程度のリスクで、その企業以上の収益率を上げることの出来る企業を探し投資しようとするはずです。

つまり、株を売り始めるということです。

こうして、株主の要求収益率に経営者が応えられなかったとき、株価の下落という形で顕在化するのです。

支払利息や配当など実際にキャッシュとして出て行くものだけがコストではありません。株主は他の企業に投資をするという機会を犠牲にして、その企業に投資をしているのです。

株主から経営を委託されている経営者は、常にそのことを肝に銘じる必要があるわけです。

《おわりに》

最後までお読みいただき、どうもありがとうございました。

本編のマンガは、窮地におちいった企業をCFT（Cross Functional Team：機能横断型のチーム）のメンバーがファイナンスの知識を駆使して再生していくというものです。あなたがこのマンガを通して、ファイナンスとはどのようなものか、そしてどのような場面で活用できるのかをイメージしていただけたとしたら、私としてはこのうえない喜びです。

ファイナンスは、企業価値最大化のための道具です。その道具の使い方を学ぶことは大切です。ただ、それだけではダメなんです。なぜなら、ビジネスでは「やり方」だけでなく「あり方」も大切だからです。

私がMBAで習得したファイナンスをはじめ、戦略、マーケティング、オペレーションなどは道具であり、その使い方を学ぶことは大切です。ただ、それらは、あくまでも「やり方」の世界です。言い換えれば、アプリケーションソフトウェアと同じです。

私自身、それらソフトウェアのバージョンアップを躍起になってやってきましたが、ある時、限界を感じました。その原因は、オペレーティングシステム（OS）のバージョンアップをしてこなかったことにあると気づいたのです。OSとは、人としての「あり方」です。「あり方」とは、自分の内側にある人生観、考え方など、「やり方」と異なり「目に見えないもの」です。

中国では大切なことを「根本」と呼ぶそうです。

木の根っこは土の中にあって、誰の目にも見えませんが土台として大切です。ところが、私たちは目に見える部分ばかりを見て、それこそ「枝葉末節」の議論をしがちです。

私はしばしば星の王子様に言ったキツネのセリフを思い起こします。

「世の中で一番大切なものは、目に見えないよ」

ビジネスで大切なもの、例えば、信用、信頼、誠実、熱意など、いずれも目に見えないものです。あなたには、「やり方」の習得はもちろんのこと、こうした目に見えないことも大事にしていただきたいと思います。

陣内が言うように、数字が未来を創るわけではありません。あなたの「念《おも》い」こそが周りの人を動かし、未来を創っていくのです。あなたの今後ますますのご活躍を祈っています。

この場をお借りして、この本を作るにあたってお世話になった方々にお礼を申し上げます。漫画家の石野人衣さんには大変素敵な絵に仕上げていただきました。自分の書いたシナリオがどんどん形になっていくのを見るのは、素晴らしい体験でした。

シナリオについては、様々な方にアドバイスをいただきました。日産自動車時代の上司である中川一夫氏（現日産レンタカー社長）には「ファイナンスが分からないやつはＣＦＴメンバーになれないよ」と突っ込まれながらも、ストーリーを含めて有益なアドバイスをいただきました。そのほかにも増田泰一氏、佐谷進氏、白土新氏、河野靖子氏には大変感謝しております。

また、弊社スタッフの北川雄一さんには、マンガのセリフや解説の細かい部分まで指摘してくれ本書がより良いものになるよう手伝ってくれました。本当にありがとうございました。

また、ダイヤモンド社の高野倉俊勝氏には企画、編集の過程で私のわがままを全面的に汲み取ってくださいました。大変感謝しております。

最後になりますが、ファイナンスをさらに勉強してみたい方のために、次ページにおすすめの書籍をあげておきますので、参考になさってください。

石野雄一

２０１７年2月

ファイナンスのおすすめ図書リスト

《初級レベル》

- 砂川伸幸著『コーポレートファイナンス入門〈第2版〉』日経文庫　2017年
- 石野雄一著『ざっくり分かるファイナンス』光文社新書　2007年

初めてファイナンスを学ぶ上で分厚い本の前に読むべき2冊です。いずれの本も新書版で気楽に読んでいただけると思います。

《中級レベル》

- 石野雄一著『道具としてのファイナンス』日本実業出版社　2005年

ファイナンスは理論だけ習得してもしょうがありません。使えなくては意味がないわけです。難しい数式は極力なくし、エクセルを活用。実務に役立つ知識・方法をわかりやすく解説しています。

《上級レベル》

- Stephen A.Ross 著、Randolph W.Westerfie 著、Jaffe,Jeffrey F. 著『コーポレートファイナンスの原理【第9版】』きんざい　2012年

MBA定番の教科書です。私は辞書代わりに使っています。ファイナンスを仕事にするなら、ぜひ手元に置いておきたい一冊です。

また、弊社オントラックのサイト「ファイナンス用語辞典」もぜひご活用ください。
http://ontrack.co.jp/finance-dictionary/

参考文献

石野雄一 著『ざっくり分かるファイナンス』光文社　2007年

石野雄一 著『道具としてのファイナンス』日本実業出版社　2005年

伊丹敬之・田中一弘・加藤俊彦・中野 誠 編著『松下電器の経営改革』有斐閣　2007年

金子智朗 著『「管理会計の基本」がすべてわかる本』秀和システム　2009年

坂口孝則 著『利益は「率」より「額」をとれ！』ダイヤモンド社　2010年

佐谷 進 著『体温の伝わる交渉』ウィズワークス　2014年

ジェームス・ジャンバルボ 著、ワシントン大学フォスタービジネススクール管理会計研究会 翻訳『新版　管理会計のエッセンス』同文館出版　2015年

鳥居正直 著『本当の儲けを生み出す　戦略と会計のマネジメント』日本経済新聞社　2013年

西順一郎 編著、宇野 寛・米津晋次 著『利益が見える戦略MQ会計』かんき出版　2009年

野口真人 著『パンダをいくらで買いますか？』日経BP社　2013年

本間峰一 著『誰も教えてくれない工場の損益管理の疑問』日刊工業新聞社　2016年

安田隆二 著『企業再生マネジメント』東洋経済新報社　2003年

吉川武文 著『技術屋が書いた会計の本』秀和システム　2015年

［著者］
石野雄一（いしの・ゆういち）
株式会社オントラック　代表取締役社長
ビジネス・ブレークスルー大学　非常勤講師

1991年3月上智大学理工学部卒業後、旧三菱銀行に入行し、９年間勤務した後退職。

2002年5月米国インディアナ大学ケリースクール・オブ・ビジネス（ＭＢＡ課程）修了。

帰国後、日産自動車株式会社入社。

財務部にてキャッシュマネジメント、リスクマネジメント業務を担当。

2007年2月より旧ブーズ・アレン・ハミルトンにて企業戦略立案、実行支援等に携わる。

2009年5月同社を退職後、コンサルティング会社である株式会社オントラックを設立、現在に至る。企業の投資判断基準、撤退ルールの策定支援コンサルティング、財務モデリングの構築、トレーニングを実施している。

著書に『道具としてのファイナンス』(日本実業出版社)、『ざっくり分かるファイナンス』（光文社新書）がある。

著者の会社が運営するサイト「ファイナンス用語辞典」をご活用ください。
URL: http://ontrack.co.jp/finance-dictionary/

石野人衣（いしの・とい）
漫画家。書籍や広告漫画を主に担当している。
主な実績は『マンガでわかる虚数・複素数』（オーム社）、『マンガでわかる！　孫子式戦略思考』（宝島社）など。

まんがで身につくファイナンス

2017年３月９日　第１刷発行
2024年４月26日　第３刷発行

著者・シナリオ――石野雄一
作画――石野人衣
制作――トレンド・プロ（佐藤瑞江）
発行所――ダイヤモンド社
〒150-8409　東京都渋谷区神宮前6-12-17
https://www.diamond.co.jp/
電話／03·5778·7233（編集）　03·5778·7240（販売）
装丁・本文デザイン――穴田淳子（a mole design Room）
DTP・製作進行――ダイヤモンド・グラフィック社
印刷――堀内印刷所（本文）・新藤慶昌堂（カバー）
製本――ブックアート
編集担当――髙野倉俊勝

ISBN 978-4-478-10099-8